Ulrich Graf Fugger von Glött

Die Fuggerei

Die älteste Sozialsiedlung der Welt

„Als Wohltäter der Armen hat sich der reiche Fugger das dauerndste Denkmal gesetzt."

Hugo Steiger (in: Geschichte der Stadt Augsburg, 1941)

„Die Barmherzigkeit, die in Almosen und Schenkungen ... zum Ausdruck kam, sollte eine ständig geübte Form sein, die Sünden des diesseitigen Lebens abzubüßen. Verstanden als eine Pflicht, die mit Machtausübung einherging ... eine Verpflichtung auch für alle, die einen einträglichen Beruf ausübten, insbesondere den Geldhandel, auf dem das Stigma moralischer Zweifelhaftigkeit lastete ..."

Bronislaw Geremek (in: Geschichte der Armut, 1978)

Inhaltsverzeichnis

Die Fuggerei – eine Einführung

Die älteste Sozialsiedlung der Welt:
Geschichte, Konzeption und Bedeutung   4–13

Die Geschichte Augsburgs und der
Fugger bis zur Gründung der Fuggerei

Der Aufstieg eines Renaissance-Konzerns
in der Freien Reichsstadt Augsburg   14–19

**Die Geschichte der Fuggerei
und der Fuggerschen Stiftungen**

Von der Grablege Jakob Fuggers und
seiner Brüder zur Siedlung für die Armen   20–29

**Die Fuggerei und die Fuggerschen
Stiftungen in der Gegenwart**

Die heutige Gestalt der Fuggerei,
ihre Verwaltung und ihre Finanzierung   30–35

Ein Rundgang durch die Fuggerei:
zwischen Markuskirche und Museum

Eine Gedenktafel für einen Mozart:
zu Sehenswürdigkeiten in der Fuggerei   36–47

Literaturverzeichnis   48

Impressum   48

Unten: Jakob Fugger „der Reiche" war das Finanzgenie seiner Zeit – sein Porträt malte Albrecht Dürer.
Links: Anton Fugger (links außen) empfängt Kaiser Karl V. und den Maler Tizian in den Fuggerhäusern.

Die Fugger: Wirtschaftsweltmacht, Kunstmäzene und großzügige Stifter

In drei Generationen entwickelten sich die Fugger von ländlichen Webern zum weltweiten Konzern. Jakob Fugger, das Finanzgenie der Renaissance, schuf mit seinen Brüdern ein Imperium aus Handels- und Bankgeschäften, Bergbau und Montanindustrie. Niederlassungen in ganz Europa, so genannte Faktoreien, der Fernhandel mit Ostindien, der Neuen Welt und Afrika trugen zum Erfolg bei. Ihre Kapitalkraft machte die Fugger zu Bankiers mehrerer Päpste. Jakob Fugger finanzierte den Aufstieg des Hauses Habsburg – Glanz und die Feldzüge des Kaisers Maximilian I., 1519 sogar die Kaiserkrone seines Enkels Karl V. Jakob Fuggers Neffe und Nachfolger Anton wurde der reichste Mann der Welt – „ein wahrer Fürst unter den anderen Kaufleuten". Schon Jakob Fugger hatte die Fuggerhäuser ausgebaut, den Damenhof und den Fugger-Chor in der Annakirche errichtet und so die Renaissance Italiens über die Alpen gebracht. Und er stiftete sein bleibendes Denkmal – die Fuggerei, die von Anton Fugger und dessen Nachfolgern ausgebaut und bis heute erhalten wurde.

Großes Bild: Der Fugger-Chor, ein Höhepunkt der Renaissance in Deutschland, ist die Grablege Jakob Fuggers und seiner Brüder. Links: Der Damenhof entstand während der Errichtung des Fugger-Stadtpalasts durch Jakob Fugger in den Jahren 1512 bis 1515.

Kleine Bilder: Viele Details sorgten schon vor fast 500 Jahren dafür, dass die Bewohner der Fuggerei individuell wohnen und sich damit wohlfühlen konnten. Die Sozialsiedlung ist in Gassen aufgeteilt und jedes Haus hat eine eigene Nummer – im Augsburg des 16. Jahrhunderts eine Innovation.

Noch immer ist die von den Fuggern gestiftete Sozialsiedlung das Vorbild

Mildtätigkeit gegenüber Armen und Schwachen war bis in die Frühe Neuzeit selbstverständliche Verpflichtung für die Mächtigen und Reichen, Repräsentationszweck und Absicherung des erhofften Seelenheils. Was also macht diese Fuggerei so einzigartig? Die seit beinahe einem halben Jahrtausend bestehende Sozialsiedlung ist die älteste der Welt. Ihre Kontinuität ist ebenso einmalig wie ihr Umfang. Bis heute beträgt die symbolische Jahresmiete in der Fuggerei 0,88 Euro. Bis heute wird die Sozialsiedlung nur durch die Stiftung finanziert. Und bis heute gilt ihre Konzeption als mustergültig. Die Fuggerei ist bis in die Gegenwart ein architektonisches Vorbild. Was schon vor fast 500 Jahren wegweisend war: Jakob Fugger machte die Bewohner keinesfalls zu Almosenempfängern, sondern leistete Hilfe zur Selbsthilfe und war damit Forderungen des Reformators Martin Luther und späterer katholischer Sozialreformer weit voraus.

Großes Bild: Fuggerei-Bewohner bei der Rückkehr vom Sonntagsgottesdienst in der Markuskirche.
Links: Selbst die Klingelzüge jedes einzelnen Hauseingangs sind ganz individuell gestaltet. Frühe Fuggerei-Bewohner konnten so selbst in der Nacht bei unbeleuchteten Gassen den eigenen Eingang ertasten.

Links: Blick ins Wohnzimmer eines Fuggerei-Hauses.
Unten: Man kennt sich in der Fuggerei. Anders als in der umgebenden Großstadt ist hier für ein Gespräch unter Nachbarn immer Zeit.

Wohnen in der Fuggerei: täglich drei Gebete und 0,88 Euro Jahresmiete

Bis in die Tage des Zweiten Weltkriegs lebten ganze Familien in der Fuggerei, die dem Broterwerb in und außerhalb der Sozialsiedlung nachgingen. Viele von ihnen schafften den Sprung zurück in eine wirtschaftlich gesicherte Existenz. Heute ist die Fuggerei eine Altensiedlung, in deren 67 Häusern und 140 Wohnungen rund 150 Augsburger leben. Die Bedingungen des Stiftungsbriefs für den Einzug sind gültig geblieben. Bewohner der Fuggerei müssen bedürftig sein – und Bürger der Stadt Augsburg. Die Miete besteht aus zwei Bestandteilen: zum ersten aus der eher symbolischen Zahlung von 0,88 Euro jährlich und zum zweiten aus täglich drei Gebeten. Weil das „Ave Maria" zu diesen Gebeten gehört – und nicht etwa aus religiöser Unduldsamkeit – sind die Bewohner der Fuggerei ausschließlich katholisch. Die Häuser und Wohnungen der Fuggerei werden übrigens fortlaufend renoviert. Erträge aus dem Stiftungsvermögen – aus Immobilien sowie aus der Land- und Forstwirtschaft – sichern bis in die Gegenwart den Bestand dieser Sozialsiedlung.

Großes Bild: Morgenstimmung in der Hinteren Gasse der Fuggerei. Links: Der Blick durch ein Eingangstor. Die Tore werden um 22 Uhr geschlossen. Wer später kommt, muss dem Nachtwächter 0,50 Euro bezahlen. Ab Mitternacht kostet der Einlass doppelt so viel.

IN DIESEM HAUSE WOHNTE
VON 1681 BIS 1693 DER MAURER
FRANZ MOZART
DIESER BÜRGER DER FUGGEREI
SCHENKTE MIT SEINEM URENKEL
W. A. MOZART
DER MENSCHHEIT DEN GRÖSSTEN
TONSCHÖPFER AUS
SCHWÄBISCHEM STAMM

Links: Die Gedenktafel beim Fuggerei-Museum erinnert an Franz Mozart. Das darauf angegebene Todesjahr hat die Mozart-Forschung revidiert. Der Urgroßvater des Komponisten starb im April 1694. Unten: Das Modell im Museum zeigt die Anlage der Fuggerei als „Stadt in der Stadt".

Fuggerei-Museum: ein tiefer Blick in die Vergangenheit der Sozialsiedlung

Das Haus Nr. 13 in der Mittleren Gasse ist das letzte der Fuggerei, das noch im Originalzustand erhalten blieb. Seit der Wiedererrichtung der Fuggerei im Jahr 1958 erinnert hier das kleine Fuggerei-Museum an die lange Geschichte der Sozialsiedlung. Die Einrichtung der Küche, des Schlafraums und der Wohnstube des Hauses stammt aus dem 17. und 18. Jahrhundert. Ein altes Architekturmodell der Fuggerei, Stiche und andere Exponate zur Stifterfamilie und zur Sozialsiedlung sind zu sehen. Jahr für Jahr passieren weit mehr als 100 000 Besucher die niedrige Tür des kleinen Häuschens, um einen Blick auf das Wohnen von damals zu werfen. Das Museum ist von März bis Dezember täglich von 10 bis 18 Uhr geöffnet. Nur wenige Schritte vom Museum entfernt erinnert eine Gedenktafel am Haus Nr. 14 an den Urgroßvater des Komponisten Wolfgang Amadeus Mozart, den Maurer Franz Mozart, der hier von 1681 bis zu seinem Tod im Jahr 1694 wohnte.

Großes Bild: Der Blick in die Küche einer Fuggerei-Wohnung aus dem 16. Jahrhundert.
Links: Der Schlafraum im einzigen nahezu original erhaltenen Fuggerei-Haus zeigt den Wohnkomfort des 17. und 18. Jahrhunderts.

Links: Bei regelmäßig angebotenen Stadtführungen begleitet „Jakob Fugger höchstpersönlich" Besuchergruppen durchs „goldene Augsburg der Renaissance".
Unten: Jahr für Jahr ist die Fuggerei für zahlreiche Schulklassen aus ganz Bayern ein beliebtes Ausflugsziel.

Die Fuggerei der Gegenwart ist Augsburgs größter Tourismusmagnet

Die Fuggerei ist das von Gästen Augsburgs weitaus am häufigsten frequentierte Tourismusziel. Die Sozialsiedlung kennt man rund um die Welt: Individualreisende aus Übersee kommen hierher, Busgruppen aus ganz Deutschland, Stadtführer mit zahlreichen Gästen. Schulausflüge führen jährlich einige tausend Kinder in die Fuggerei. Sogar die Radwanderer entlang der römischen Kaiserstraße Via Claudia Augusta machen hier Halt. Zum Bekanntheitsgrad von „Fuggern" und „Fuggerei" tragen Schul- und Geschichtsbücher rund um den Globus bei, und selbst der „Duden" führt diese beiden Stichwörter auf. Stifterfamilie und Sozialsiedlung sind damit die (neben der „Augsburger Puppenkiste") bekanntesten Namen Augsburgs – mit weitem Abstand vor den in der Stadt geborenen Leopold Mozart und Bertolt Brecht. Und so pilgern jährlich rund zwei Millionen Besucher durch die Fuggerei, die viele Nachbarn und Ausflugsgäste zudem mit einem Kinderfest (während der Jakober Kirchweih im Juli) und dem Christbaummarkt (während des Augsburger Christkindlesmarkts) anzieht.

Großes Bild: Fotos aus der Fuggerei stehen auch bei Gästen aus dem Fernen Osten hoch im Kurs. Links: Besuchergruppe vor dem Museums-Shop der Fuggerei, dem „Himmlischen Fuggerei-Lädle", wo man Souvenirs und Literatur findet.

Links: In zahllosen Büchern rund um die Welt sind Jakob Fugger und sein Hauptbuchhalter Schwarz in der „goldenen Schreibstube" abgebildet – selbst japanische Schulkinder kennen dieses Motiv.
Unten: Ein Holzschnitt des „Königs von Cochin" in Ostindien, wo die Fugger seit 1505 Handel trieben.

Die Geschichte Augsburgs und der Fugger bis zur Gründung der Fuggerei

Auch im Namen der bereits verstorbenen Brüder Ulrich und Georg stiftete Jakob Fugger die erst später nach der Stifterfamilie benannte Fuggerei. Vorausgegangen war der beispiellose Aufstieg der Fugger, die sich zu Geschäftspartnern und Bankiers von Kirchenfürsten, Kaisern und Königen entwickelt hatten. Eine Karriere, die so eigentlich nur im Augsburg der Frühen Neuzeit möglich war. Schon im 15. Jahrhundert galt Augsburg als reichste Stadt Europas, viele Familien waren im Italienhandel und im Montangeschäft erfolgreich. Die von Maximilian I. geförderte, sprichwörtlich prächtige Stadt war führender (Finanz-)Handelsplatz Europas. Hier wurden die Fugger zur reichsten Familie der Zeit – weit kapitalkräftiger als selbst die Medici in Florenz. Der Gegensatz von Arm und Reich aber war in Augsburg besonders ausgeprägt. 87 Prozent seiner Bewohner waren arm oder von Armut bedroht. Die Fuggerei ist also eine Antwort auf soziale Fragen der Zeit und – so ein Historiker – „ein Akt fein berechneter Wohltätigkeit", der den Neid besänftigen sollte. Vor allem ist die Stiftung jedoch religiös motiviert.

Großes Bild: Die Stiftertafeln an drei Toren der Fuggerei erinnern an Jakob Fugger (links) und seine damals bereits verstorbenen älteren Brüder Ulrich und Georg.

1367 tauchte in einem Augsburger Steuerbuch erstmals der Vermerk auf: „Fucker advenit" (Fugger ließ sich nieder). Der beispiellose Aufstieg der Fugger zur Wirtschafts-Weltmacht in der Handels- und Finanzmetropole Augsburg hatte begonnen.

Schon 1367 war Augsburg eine bedeutende Stadt mit 20 000 Einwohnern – damals eine beeindruckende Zahl. Was führte dazu, dass Augsburg bereits im Mittelalter sprichwörtlich prächtig und zu Beginn der Frühen Neuzeit eine der reichsten, wenn nicht gar die reichste Stadt Europas war?

Der heilige Ulrich liegt in einer Tumba in der Unterkirche der Augsburger Ulrichsbasilika bestattet. Die Kirche war auch eine Grablege der Fugger.

Augsburg war die älteste Stadt weit und breit, die älteste Bayerns und zweitälteste Deutschlands. Bereits im Jahr 15 vor Christus hatten die Römer an der strategisch günstigen Stelle am Zusammenfluss von Wertach und Lech ein Militärlager gegründet. Aus diesem Lager entwickelte sich das antike „Augusta Vindelicum", die glänzende Hauptstadt der römischen Provinz Rätien. Augsburg war schon damals Deutschlands Tor nach Italien: Deshalb siedelten sich hier Kaufleute an. Auch das Christentum kam bereits während der Römerzeit in die Stadt – der Legende nach soll hier die heilige Afra zu Beginn des 4. Jahrhunderts den Märtyrertod erlitten haben. Und das antike Augsburg war möglicherweise schon Bischofssitz.

Handelsroute und Bischofssitz gaben Augsburg nach den Verwüstungen der Völkerwanderung früh einen Teil der vormaligen Bedeutung zurück. Nachdem sich germanische Stämme in den Ruinen des römischen Augsburgs angesiedelt hatten, gewannen die Augsburger Bischöfe bereits im 8. und 9. Jahrhundert großen Einfluss. So war der heilige Simpert, der an der Wende vom 8. zum 9. Jahrhundert lebte, am Hof der Karolinger eine wichtige Persönlichkeit. 955 schlug Bischof Ulrich an der Seite von Kaiser Otto I. die Ungarn in der epochalen Schlacht auf dem Lechfeld. Ulrich wurde bald nach seinem Tod im ersten Prozess dieser Art in der Kirchengeschichte heilig gesprochen.

Der Handel mit Italien macht reich

Beachtlicher Wohlstand und ein großes weltliches Herrschaftsgebiet der Augsburger Bischöfe waren die Folge. Doch mit wachsendem Reichtum und Selbstbewusstsein der Stadtbürger wuchsen die Bestrebungen, den Bischof als Stadtherrn zu entmachten. Dies gelang dem Augsburger Patriziat 1276, als König Rudolf von Habsburg der Stadt die Rechte einer „Freien Reichsstadt" gab. Von diesem Augenblick an war Augsburg nur noch dem Kaiser unterstellt.

Das Römische Museum Augsburg erinnert an die glänzende Provinzhauptstadt Augusta Vindelicum.

Längst war der Weg über die Alpen wieder eine wichtige Handelsstraße geworden – und die Route führte über Augsburg. Schon im späten

Ausschnitt einer spätmittelalterlichen Darstellung des sprichwörtlich prächtigen Augsburg.

Mittelalter machte der Handel mit Italien und mit den Luxusgütern des Orients Augsburg reich. Davon profitierte das alteingesessene Stadtbürgertum, das Patriziat. Es wurde immer wohlhabender – wie auch eine immer breitere Schicht aufstrebender Handwerker, die nach und nach zu Kaufleuten, zunächst vor allem im Handel mit Textilien, wurden. Die Lage an der Handelsstraße war die Basis für den weiteren Aufschwung der Stadt.

Hans Fugger zieht nach Augsburg

1368 erkämpften die Handwerkszünfte, die mittlerweile einen Großteil des Wohlstandes der Stadt erwirtschafteten, friedlich ihren Anteil an der Stadtregierung. Die Fugger, nach ihrer Einwanderung nach Augsburg zunächst eine Familie von Webern, sollten später davon profitieren. 1367 war der Bauern- und Webersohn Hans Fugger nach Augsburg gezogen. Seine Heimat war das Dorf Graben auf dem Lechfeld in der Nähe von Schwabmünchen. In Augsburg gelang Hans der schnelle wirtschaftliche, gesellschaftliche und soziale Aufstieg: Er heiratete die Tochter des Zunftmeisters der Weber, Klara Widolf. Mit dieser Heirat war die Aufnahme in das Augsburger Bürgertum verbunden.

Nach dem frühen Tod Klaras heiratete Hans Fugger in zweiter Ehe Elisabeth Gfattermann. Auch sie war die Tochter eines Zunftmeisters der Weber. Dadurch konnte Hans selbst Zunftmeister der Weber und sogar Ratsherr werden. Auch sein Wohlstand vermehrte sich beachtlich. 1396 stand er schon auf Platz 41 in der Liste der 2930 Steuerzahler in der Stadt. Ob Hans Fugger bereits wie andere seiner Weberkollegen überlegte, in den Handel einzusteigen, ist nicht überliefert. Als er 1408 starb, übernahmen seine Söhne Andreas und Jakob die Geschäfte. Andreas der Ältere engagierte sich im Textilhandel und wurde schon zu Lebzeiten der „reiche Fugger" genannt. 1454, kurz vor dem Tod Andreas Fuggers, erfolgte die wirtschaftliche Trennung der Brüder. Andreas Nachfolger wurde sein Sohn Lukas. Er erhielt von Kaiser Friedrich III. ein Wappen, nach dem sich dieser Zweig der Familie „Fugger vom Reh" nannte. Doch Lukas übernahm sich im Lauf der folgenden Jahrzehnte wirtschaftlich und machte Bankrott.

Webermeister, Ratsherr, Kaufmann

Jakob, der jüngere Bruder, der später, um ihn vom gleichnamigen Sohn zu unterscheiden, „der Alte" genannt wurde, fühlte sich als Webermeister, Ratsherr und Kaufmann. Anders als sein älterer Bruder strebte er den maßvollen und soliden Aufstieg der Firma an. Jakob Fugger „der Alte" heiratete Barbara Bäsinger, Tochter des Goldschmieds, Silberhändlers und Augsburger Münzmeisters Franz Bäsinger. Bäsinger hatte einen steilen wirtschaftlichen Aufstieg

Jakob Fugger „der Alte", der Großvater von Jakob Fugger, dem Stifter der Fuggerei.

Ulrich Fugger, der älteste der Brüder Jakob Fuggers, hatte die Verbindung zu den Habsburgern geknüpft.

bereits hinter sich. 1444 aber machte Bäsinger Konkurs und musste in Schuldhaft. Jakob zog aus dem warnenden Beispiel des Schwiegervaters seine Lehren. Mit umsichtigem Verhalten gelang es ihm, kontinuierlich den Wohlstand zu mehren. 1461, acht Jahre vor seinem Tod, stand er deshalb auf der Rangliste der Augsburger Vermögen schon auf dem zwölften Platz.

1469 übernahm Ulrich Fugger nach dem Tod seines Vaters die nunmehr zur Kaufmannszunft gehörige Firma. Die jüngeren Brüder Markus und Georg gingen nach Italien. Markus versuchte als Kleriker Kontakte zur Kurie herzustellen, während sich Georg in der See- und Handelsweltmacht Venedig um die Niederlassung der Firma kümmerte. Der große wirtschaftliche Aufstieg der Familie aber begann 1473. Kaiser Friedrich III. kam mit seinem Sohn und Erben Maximilian nach Augsburg, um seinen Nachfolger angemessen für dessen bevorstehende Hochzeit mit Maria von Burgund auszustatten. Denn Augsburg genoss den Ruf einer Stadt der Luxusweber und Luxusschneider. Wie viele Habsburger vor und nach ihm hatte Friedrich III. allerdings nicht das nötige Geld. Selbst bei Augsburger Bäckern, Metzgern und Kramern hatten die Habsburger Schulden von insgesamt 2000 Gulden. Die Augsburger Handelsherren aber waren nicht bereit, mit weiteren Krediten auszuhelfen.

Die Stunde des Ulrich Fugger und die Verbindung zum Haus Habsburg

Dies war die Stunde des Ulrich Fugger. Er ließ auf eigene Kosten Friedrich III., Maximilian und ihr ganzes Gefolge in kostbares Tuch kleiden. Bezahlung oder einen Kredit verlangte Ulrich dafür nicht. Friedrich III. verlieh ihm und seinen Brüdern daraufhin das später so berühmte Lilienwappen. Damit hatten Ulrich und seine Brüder das Schicksal ihres Unternehmens mit dem Aufstieg der Habsburger zur Weltmacht verbunden. Die guten Beziehungen zahlten sich in den nächsten Jahrzehnten in Zins und Zinseszins aus.

Durch die Verbindung zum Haus Habsburg gelang es den Fuggern, bis zur Mitte des 16. Jahrhunderts die Silbermonopole in Tirol und Ungarn und anschließend das Quecksilbermonopol in Spanien zu erwerben. Auch aus dem Reichtum der spanischen Niederlande und dem gerade durch Kolumbus in spanischem Auftrag neu entdeckten Amerika zog die Fugger-Firma, die sogar mit Afrika handelte, reichen Gewinn.

1478: Jakob Fugger wird Kaufmann

Nach 1473 bildeten sich in der Firma zahlreiche Geschäftsbereiche heraus. Sie reichten von Bergwerken über den Handel mit Edelmetallen bis hin zur Metallverarbeitung, vom Textilgewerbe über den Gewürzhandel bis zum Bankgeschäft. Ende des 15. Jahrhunderts besaßen die Fugger faktisch das Kupfermonopol im Reich. 1478 trat der jüngste Bruder Ulrichs, der 1459 in Augsburg geborene Jakob, der später „der Reiche" genannt wurde, in die Fugger-Firma ein. Jakob sollte eigentlich Kanoniker im fränkischen Kloster Herrieden werden. Auch dies war ein Zeichen des wirtschaftlichen und gesellschaftlichen Aufstiegs der Familie. Denn um eine Kanonikerstelle zu besetzen, benötigte eine Familie neben gesellschaftlichem Ansehen auch entsprechende finanzielle Mittel. Jakob erkannte allerdings bald, dass die geistliche

Das Epitaph an der Nordseite der Nürnberger Sebalduskirche erinnert an den hier verstorbenen Peter Fugger. Sein Tod war der Anlass dafür, dass Jakob zum Kaufmann wurde. Das Epitaph ist das älteste erhaltene Fuggersche Grabmal.

Laufbahn nicht zu ihm passte. So kam es ihm gelegen, dass die Brüder ihn im Unternehmen benötigten. Also verließ er mit 19 Jahren Herrieden und reiste zur kaufmännischen Ausbildung nach Venedig, in die führende Welthandels- und Bankenmetropole. In der Lagunenstadt lernte Jakob den italienischen Handel, die Vorzüge der „Doppelten Buchführung" und des italienischen Finanzwesens kennen. Diese Kenntnisse sollten für sein weiteres Leben entscheidend werden. Sie bildeten die Grundlage für das spätere Wachstum des Fugger-Imperiums.

Jakob Fugger geht nach Innsbruck

Nach der Rückkehr aus Venedig übernahm Jakob die wichtige Niederlassung der Firma in Innsbruck. Herzog Sigmund der „Münzreiche" und sein Nachfolger, der spätere Kaiser Maximilian I., nahmen Jakobs Angebot, die aufwändige Hofhaltung zu finanzieren, an – die Fugger aber erhielten dafür Tiroler Silber. Dies war der Beginn der engen Beziehung zwischen Jakob und Maximilian, die die beiden Gleichaltrigen bis zum Tode Maximilians im Jahr 1519 verband. Jakob Fugger finanzierte die machtpolitischen Expansionsbestrebungen der Habsburger – und zog von Anfang an einen wirtschaftlichen Vorteil daraus. Nebenbei gelang es Jakob auch noch, die starke schwäbische und bayerische Konkurrenz in Tirol auszustechen. 1494 wurde Jakob von seinen Brüdern in einem neuen Gesellschaftervertrag gleichberechtigt in das Unternehmen aufgenommen. Das Unternehmen begann, sich verstärkt im Finanzgeschäft zu engagieren. Basis war das Vermögen des Brixener Fürstbischofs Melchior von Meckau, das dieser in die vom Augsburger Rat 1486 erstmals als „Bank" bezeichnete Firma der Fugger eingebracht hatte. Sie wurde zur Großbank und später zur ersten Finanzmacht Europas.

Die Fugger-Firma finanziert den Kaiser

In den Folgejahren hielt sich der Habsburger Maximilian I. gerne und häufig in Augsburg auf. Spötter nannten ihn „Bürgermeister von Augsburg". Im Jahr 1500 blieb er 182 Tage in Augsburg. Hier plante er seinen Zug nach Rom, um vom Papst zum Kaiser gekrönt zu werden. Jakob finanzierte ihn und bot dem Habsburger ein Darlehen von 50 000 Gulden an. Als Gegenleistung forderte er statt Bergwerksrechten, von denen er längst genug besaß, Grundbesitz.

1507 belehnte ihn Maximilian mit der Grafschaft Kirchberg und der Stadt Weißenhorn. Dies bedeutete den Eintritt der Fugger in die adelige Feudalgesellschaft. Jakob wurde in den Reichsadels- und später in den Reichsgrafenstand erhoben. 1519 folgt der Höhepunkt seiner Karriere: Jakob Fugger finanzierte die Wahl des Habsburgers Karl I. von Spanien zum Kaiser Karl V.

Im Fondaco dei Tedeschi in Venedig erlernte Jakob Fugger das Know-how der italienischen Kaufleute.

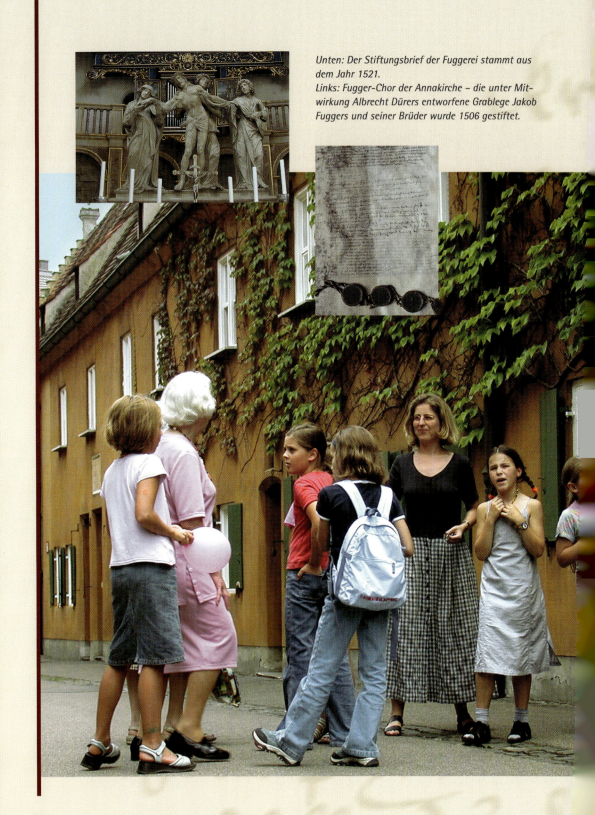

Unten: Der Stiftungsbrief der Fuggerei stammt aus dem Jahr 1521.
Links: Fugger-Chor der Annakirche – die unter Mitwirkung Albrecht Dürers entworfene Grablege Jakob Fuggers und seiner Brüder wurde 1506 gestiftet.

Die Geschichte der Fuggerei und der Fuggerschen Stiftungen

1514 begann Jakob Fugger mit dem Bau der Fuggerei. 1521 – vier Jahre vor seinem Tod – stellte er den Stiftungsbrief aus. Nach 1528 kauften Jakob Fuggers Neffen Raymund, Hieronymus und Anton benachbarte Flächen hinzu, um die Fuggerei zu vergrößern. Nachfolger der Stiftergeneration erweiterten die Fuggerei zu ihrer heutigen Größe. Zuletzt in den Jahren 1880, 1932 und in den Nachkriegsjahren wurden weitere Häuser errichtet. Die Markuskirche stiftete 1581 Markus, der Sohn Anton Fuggers. In den nahezu 500 Jahren des Bestehens der Sozialsiedlung wurde jedoch nicht nur erweitert, sondern auch wieder aufgebaut. So zum Beispiel nach der Einquartierung schwedischer Truppen im Dreißigjährigen Krieg und nach den schweren Bombenangriffen des Jahres 1944. Doch die von Jakob Fugger gestiftete Sozialsiedlung ist nur eine, wenn auch die weitaus bekannteste, von insgesamt neun Fuggerschen Stiftungen. Deren älteste ist die Grablege in der Augsburger Annakirche, die ebenfalls Jakob Fugger und seine (damals noch lebenden) Brüder 1506 stifteten. Alle diese Stiftungen bestehen bis heute.

Großes Bild: Bewohner und Besucher, alte und junge Menschen treffen sich in der bekanntesten der neun Fuggerschen Stiftungen, der Fuggerei.
Links: Die Markuskirche in der Fuggerei wurde im Jahr 1581 gestiftet.

Die Augsburger Fuggerei hat mittlerweile seit nahezu einem halben Jahrtausend Bestand. Zu ihrer Gründung führte die Gedankenwelt des Mittelalters. Das soziale Engagement reicher Kaufleute für die Kirche und arme Mitbürger sollte ihr Seelenheil fördern. Die Fuggerei ist eine von neun Stiftungen, die bis zum heutigen Tag bestehen.

Das steinerne Lilienwappen des Hauses Fugger in der Fuggerei erinnert an die Stifterfamilie.

Die Entstehung der Fuggerei ist der Gedankenwelt des Mittelalters zu verdanken. In dieser Zeit wurden die Mitglieder der geistlichen und weltlichen Oberschicht wie der aufkommenden Bürgerschaft von der Angst beherrscht, wegen zu geringen sozialen Engagements oder nicht ausreichender Unterstützung kirchlicher Einrichtungen nach dem Tod im Jenseits nicht am christlichen Erlösungsgedanken teilhaben zu können. Dieser Angst verdanken die großen mittelalterlichen Klöster und Kirchen, aber auch viele soziale Einrichtungen wie Hospize und Hospitäler in den Städten ihre Existenz.

Die Entstehung der Fuggerei

Auch im spätmittelalterlichen Augsburg waren die Verhältnisse nicht anders. Hinzu kamen große soziale Gegensätze. Um 1520 hatten zwölf bis fünfzehn Prozent aller Einwohner wenig oder überhaupt kein Einkommen. Darum sah sich das Augsburger Stadtregiment gezwungen, Hospitäler und ein Leihhaus für Arme und Kranke zu errichten. In diese Epoche fällt die Gründung der Fuggerei, die heute älteste bestehende Sozialsiedlung der Welt.

Jakob Fugger der Reiche lernte – nicht zuletzt wegen der europaweiten Vernetzung seiner Geschäfte – viele Stiftungen fremder Städte und Regionen kennen. Entscheidend beeinflusst wurde er wohl durch die Stiftung der Beginenhöfe in den Niederlanden und das Werk des venezianischen Kaufmanns Marco Lando in Padua. In diese Zeit des Vorabends der Reformation fiel die Diskussion über die religiös definierte Rechtmäßigkeit des Erhebens von Zinsen. Zur Verteidigung seiner Position beim Zinswesen ließ Jakob durch den Augsburger Humanisten Conrad Peutinger und den Theologen Johannes Eck jeweils ein Gutachten ausarbeiten. Diese sollten die Rechtmäßigkeit des Zinsnehmens untermauern.

Um diesen moralischen Konflikt des modernen Wirtschaftslebens mit traditionellen christlichen Werten in Einklang zu bringen, entschlossen sich Jakob und seine Brüder, in ihrer Firma nach italienischem Vorbild ein Konto „St. Ulrich" einzurichten. Durch diese symbolische Beteiligung sollten der Heilige und damit die Kirche den Erfolg des Unternehmens sanktionieren. Mit diesem Schachzug wollte Jakob zum einen nach mittelalterlicher Vorstellung sein Seelenheil und das seiner Brüder sichern, zum anderen seinen Kritikern in der Zinsdiskussion den Wind aus den Segeln nehmen. Aus dem Konto „St. Ulrich" flossen unter anderem die Mittel zur Gründung der Fuggerei.

Der Tod seines Bruders Ulrich im Jahr 1510 war für Jakob Fugger der Anlass, sich mit der Gründung einer Armensiedlung in Augsburg auseinander zu setzen. Der Baubeginn der Fuggerei war im Jahr 1514, als Jakob in der Jakober Vorstadt vier Häuser mit Hofstätten und Garten am „Kappenzipfel" kaufte. Verkäuferin war die Witwe des Bürgermeisters Hieronymus Welser, Anna Strauß. Diese Häuser lagen im Westen der Jakobskirche. In der Folgezeit gab es weitere Zukäufe. 1516 wurden bereits zwei Häuser gebaut. Ein Jahr später waren bereits siebzehn bewohnt. 1523 gab es

52 fertige Häuser. Vermutlich bestand bei Jakob Fugger von Anfang an ein fester Plan zur Anlage seiner Armensiedlung. Ihr Umfang betrug 106 Wohneinheiten. Ob Albrecht Dürers Vorstellungen der idealen Stadt Pate gestanden haben, kann nicht bewiesen werden. Als Baumeister der Fuggerei wird in den Quellen der Augsburger „Werckmaister" Thomas Krebs genannt. Krebs wurde später zu weiteren Baumaßnahmen der Familie zugezogen. Ob Krebs eigenständig die Konzeption der Fuggerei entwickelt hat, muss bezweifelt werden. Vermutlich war er der Praktiker, der die Stiftungsidee Jakobs in die Praxis umgesetzt hatte.

Aus dem Jahr 1521 datiert der Stiftungsbrief zur Fuggerei, den Jakob Fugger maßgeblich auch im Namen seiner Brüder gestaltete. Als Ziel seiner Stiftung nannte er das Bemühen, „armen taglönern und handwerkhern" zu helfen. Auch die Mittel zum Unterhalt sollten aus dem Konto „St. Ulrich" der Fugger-Firma kommen. Sollte zu Lebzeiten Jakobs die Armensiedlung noch nicht vollendet sein, so verpflichtete er seine Neffen, ihre Errichtung abzuschließen.

Die Zuweisung der einzelnen Wohneinheiten sollten Jakobs Neffen vornehmen. Zum Erhalt der Bausubstanz sollten die Bewohner jeweils im Jahr pro zugewiesener Einheit einen Gulden zahlen. Jeder Bewohner musste sich außerdem schriftlich dazu verpflichten, für die Familie Fugger, Jakobs Mutter eingeschlossen, jeden Tag ein Vaterunser, ein Ave Maria und einmal

Die Fuggerei auf einem Augsburger Stadtplan aus dem Jahr 1620.

das Glaubensbekenntnis zu beten. Außerdem legte der Stiftungsbrief fest, dass ein Verwalter bestellt werden sollte, der für den Zustand der Häuser verantwortlich war. An drei Toren zur Fuggerei wurden drei Stiftertafeln mit folgendem lateinischen Text angebracht:

M. D. XIX.
VDALR. GEORG. JACOB. FVGGERI. AVGVST:
GERMANI. FRATRES. OVA. BONO. REIP. SE.
NATOS.
OVA. FORTUNAM. MAXIMAR. OPUM. D. O. M.
ACCEPTAM.
IN. PRIMIS. REFERENDUM. RATI. OB. PIETATEM.
ET.
EXIMIAM. IN. EXEMPLUM. LARGITATEM.
AEDES. C. VI. CUM. OPERE. ET. CVLTV. MVNICI
PIBVS.
SUIS. FRVGI. SED. PAVPERIE. LABORANTIBVS.
D. D. D.

In freier Übersetzung lautet er:

1519
DIE BRÜDER ULRICH, GEORG UND JAKOB
FUGGER VON AUGSBURG
HABEN ZUM HEIL IHRER STADT
UND VOLL INNIGER DANKBARKEIT
FÜR DIE VOM HERRGOTT EMPFANGENEN
GÜTER
AUS ANDACHT UND HOCHHERZIGER
FREIGIEBIGKEIT ZUM VORBILD
106 BEHAUSUNGEN MIT ALLEM ZUBEHÖR
IHREN FLEISSIGEN, DOCH ARMEN MITBÜRGERN
GESTIFTET, GEWIDMET UND GEWEIHT.

Die Stiftungstafel an drei Fuggerei-Toren führt die Namen der Brüder Ulrich (Udalrich), Georg und Jakob Fugger auf.

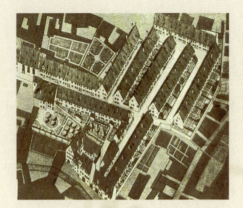

Dieser Stich zeigt die Ausmaße der „Fürstlichen Fuggerei" im Jahr 1810.

Warum hier als Jahreszahl 1519 auftaucht, lässt sich mit absoluter Sicherheit nicht mehr klären. Die Inschriften wurden entweder noch zu Lebzeiten Jakob Fuggers oder nach seinem Tod angefertigt. 1519 war aber für die Fuggerei kein wichtiges Jahr.

Jakob äußerte unter anderem im Stiftungsbrief von 1521 die Absicht, die Fuggerei zu vergrößern. Zu seinen Lebzeiten kam es vermutlich nicht mehr dazu. Jakob starb im Jahr 1525. 1528 und 1532 kauften Jakobs Neffen Raymund, Hieronymus und Anton Fugger Flächen in der Nachbarschaft hinzu, um das Vermächtnis ihres Onkels zu erfüllen. Die drei Neffen wurden seine Nachfolger als Verwalter der Stiftung. Als 1548 der Bau der Fuggerei abgeschlossen war, ordnete Anton Fugger die Gesamtstiftung im Sinne seines Onkels in einem neuen Stiftungsbrief.

1581 stifteten Markus Fugger, ein Sohn des Anton, und Philipp Eduard Fugger, ein Enkel des Raymund, eine eigene Kirche zu Ehren des heiligen Markus in der Fuggerei. Grund für den Bau dieser Kirche war die Ausbreitung der Reformation in Augsburg. St. Anna mit der Fuggerschen Grabkapelle konnte für katholische Gottesdienste nicht mehr genutzt werden. Ebenso wurde in der benachbarten St.-Jakobs-Kirche die Reformation durchgeführt. Offen bleibt, ob die Stiftung von St. Markus in der Fuggerei etwas mit der Förderung der Jesuiten durch die Fugger zu tun hatte. Interessant in diesem Zusammenhang ist aber, dass das Oberhaupt der Augsburger Jesuiten, Petrus Canisius, erster Geistlicher von St. Markus wurde. Als Baumeister von St. Markus ist Hans Holl, der Vater des berühmten Augsburger Baumeisters Elias Holl, überliefert.

Im Dreißigjährigen Krieg traf die Fuggerei ein schwerer Schlag. 1632 wurden ihre Bewohner von den Schweden vertrieben, um in den Häusern Platz zur Einquartierung zu schaffen. Nach dem Abzug der Schweden im Jahr 1635 bot sich noch 1642 ein schreckliches Bild. Von den 50 Häusern waren zwei ganz, 28 zur Hälfte, hier vor allem das Untergeschoss, und 22 relativ unversehrt und bewohnbar geblieben. In den folgenden Jahren wurden die Reparaturarbeiten maßgeblich von Bewohnern selbst durchgeführt. 1650 wurde in der Fuggerei eine eigene Schule eingerichtet, um die konfessionelle Unabhängigkeit der gesamten Einrichtung von der Stadt zu stärken.

Von ihrer Gründung bis nach dem Zweiten Weltkrieg fanden Familien aller Altersgruppen ihren Weg in die Fuggerei. Sie verliehen ihr den Charakter einer kleinen Stadt, denn zum einen brachten sie häufig Kinder mit, zum anderen übten Familienväter auch nach der Aufnahme in die Armensiedlung ihre beruflichen Pflichten aus, soweit ihnen das möglich war. Nicht selten konnten sie kleine Werkstatträume in ihren Häusern einrichten, weshalb in der Fuggerei die ganze Bandbreite mittelalterlicher Handwerker

„Nütze die Zeit" – die kaufmännisch-nüchterne Spruchweisheit ziert die Sonnenuhr am Südgiebel der Markuskirche.

Figur des heiligen Michael in einem Hauseck am Markusplätzle.

vertreten war. Weber, Goldschmiede, Metzger und Schnapsbrenner gingen ihren Geschäften nach. Neben den heute noch bekannten gab es in der Fuggerei längst vergessene Berufsgruppen, zu denen die Sackträger, Karrenzieher, Briefmaler und Vogelhäuselbauer gehörten. So überdauerte die Fuggerei die Jahrhunderte. Erst 1880 wurde sie um weitere zwölf Wohnhäuser vergrößert. Bis 1938 wurden dann nochmals fünf Neubauten errichtet.

Die Zerstörung der Fuggerei im Zweiten Weltkrieg und ihr Wiederaufbau

Kurz nach ihrer letzten Erweiterung im Jahr 1938 wurde die Fuggerei während des Zweiten Weltkriegs am 25. Februar 1944 durch einen Bombenangriff weitgehend zerstört. Die Kirche St. Markus existierte überhaupt nicht mehr. Die Hälfte der übrigen Bausubstanz war mehr oder weniger schwer beschädigt. Herrengasse, Mittlere Gasse und das Verwaltungshaus (Sitz der Administration) waren stark betroffen.

In dieser Phase, als das Stiftungswerk Jakobs des Reichen und Anton Fuggers gänzlich am Boden lag, beschloss das Familienseniorat der Fugger als verantwortliches Stiftungsorgan aller Fuggerschen Stiftungen und der Fuggerei im Jahr 1945 unverzüglich den Wiederaufbau. Dem Seniorat war es von Beginn an ein Anliegen, die Fuggerei aus Stiftungsmitteln wieder aufzubauen. Es beauftragte den Architekten Raimund Freiherr von Doblhoff mit den Planungen und der Durchführung.

Bereits Ende 1945 wurde der Schutt mit Pferdefuhrwerken beseitigt, anschließend Bauholz in den Stiftungsforsten geschlagen und weiteres Baumaterial beschafft. In einem schnellen und praktischen Zusammenspiel aller Verantwortlichen und nicht zuletzt mit Hilfe der Fuggerei-Bewohner gelang es, bis zur Währungsreform des Jahres 1948 die Fuggerei in ihren alten Grenzen wiederherzustellen. Doblhoffs Ziel war es, die Fuggerei äußerlich unter Verwendung natürlicher Baustoffe wieder zu errichten. Die Inneneinrichtung wurde den Bedürfnissen der Zeit angepasst, alle Häuser an den öffentlichen Abwasserkanal angeschlossen und komplett elektrifiziert. Es entwickelte sich ein Haustyp, der äußerlich ganz dem historischen Aussehen, innen aber dem 20. Jahrhundert entsprach. Dieser Haustyp war bis Ende der sechziger Jahre Basis aller Neu- und Umbauten von Fuggerei-Häusern.

In den Nachkriegsjahren kauften die Fuggerschen Stiftungen benachbarte Trümmergrund-

Diese Grünanlage entstand in dem Bereich der Fuggerei, der mit dem Wiederaufbau nach dem letzten Weltkrieg errichtet wurde.

stücke auf. So bot sich die Möglichkeit, die Zahl der Fuggerei-Häuser um ein Drittel zu erweitern. Gegenüber der Markuskirche – westlich des Markusplätzle – waren die äußeren Veränderungen durch den Wiederaufbau am deutlichsten. Bis 1968 beziehungsweise bis 1973 zogen sich Wiederaufbau und Umbau der Fuggerei hin. Seitdem ist sie in ihrem Aussehen unverändert geblieben.

Die Fugger-Kapelle bei St. Anna

Die Fugger-Kapelle bei St. Anna in Augsburg ist im Zusammenhang mit der Fuggerei darum von Bedeutung, weil beide im Stiftungsgedanken Jakob Fuggers eine Einheit bilden. Neben der Sorge für die armen Mitbürger in der Fuggerei, die Jakob und seiner Familie zum einen das Seelenheil sichern sollte, ging es zum anderen um die Finanzierung und den Unterhalt der Grablege für ihn selbst und seine Brüder. Die Stiftung erfolgte 1506, als Jakobs Brüder Ulrich und Georg noch lebten. Im Jahre 1518 wurde die Kapelle nach dem Tod Ulrichs und Georgs geweiht. Das Kapital für ihre Errichtung kam wie die Mittel für den Bau der Fuggerei aus dem Konto „St. Ulrich". Neben dem Unterhalt der Grabkapelle sollten auch seelsorgerische Belange durch diese Stiftung gesichert werden.

Die St.-Moritz-Prädikaturstiftung

Eng verbunden mit den Fuggern war die Chorherren-Stiftskirche St. Moritz, die in der Nachbarschaft ihrer Anwesen am Judenberg und am

Putto von Daucher in der Grablege der Fugger in der Augsburger St.-Anna-Kirche. Der Fugger-Chor gilt als das erste bedeutende und vollkommenste Bauwerk der Renaissance in Deutschland. Führende Künstler der Zeit wurden mit der Ausgestaltung des Kirchenraums beauftragt.

Weinmarkt (die heutigen Fuggerhäuser in der Maximilianstraße) lag. Jakob Fugger wollte hier, noch bevor die Reformation wirkte, für eine bessere Predigt sorgen. Gegen den Widerstand des Stiftes und anderer geistlicher Stellen erkämpfte er in Rom das Recht, eine Predigerstelle zu schaffen: die so genannte Prädikatur bei St. Moritz. Eine Prädikatur ist eine Pfarrstelle mit der zu ihrer Einrichtung notwendigen Vermögensausstattung. Als Prediger wurden in der Moritzkirche namhafte Theologen eingesetzt, die heftig Partei für den alten Glauben ergriffen, zum Beispiel Johannes Eck.

Die Holz- und Blatternhaus-Stiftung

Die Syphilis, auch „Franzosenkrankheit" genannt, war um 1500 in den Städten ein schwerwiegendes soziales Problem. Die Syphilis, die bis Ende des 15. Jahrhunderts nur durch Verabreichung von Quecksilber als heilbar galt, war mit dem sozialen Abstieg der Patienten in die Armut verbunden. Auch Augsburg bildete hier keine Ausnahme.

Um 1500 wurde in Europa die heilende Wirkung des Guajakholzes aus der Neuen Welt bekannt. In den ersten 20 Jahren des 16. Jahrhunderts entstand in Augsburg ein städtisches „Holzhaus". Hier wurden bereits Syphiliskranke,

Die Moritzkirche (Turm links) in der Nähe der Fuggerhäuser in der Augsburger Maximilianstraße.

Wie man sich den Aufenthalt im Holzhaus der Fuggerei vorstellen kann, zeigt diese Darstellung aus dem 16. Jahrhundert.

Die Schneidhaus-Stiftung

Das von Anton Fugger gestiftete „Schneidhaus" (vor 1548) zählt zu den ältesten chirurgischen Einrichtungen Europas. Zunächst konnten sich Augsburger Mitbürger kostenlos von namhaften Ärzten behandeln lassen. In der zweiten Hälfte des 16. Jahrhunderts wurde der Kreis der Patienten auf die Fuggerschen Besitzungen erweitert. Dann konnte sich jeder behandeln lassen, vorausgesetzt, der Grundherr hatte bei den Stiftungsadministratoren um Erlaubnis nachgesucht. Das Schneidhaus wurde ebenso wie das Holzhaus von Anton Fugger in seinem Testament von 1560 bedacht. Es lag in der Nähe der Fuggerei, auf dem Krautmarkt in der Augsburger Jakobervorstadt.

darunter auch etliche mit prominenten Namen, mit Guajakholz behandelt. So ließen sich zum Beispiel Kaiser Maximilian I. und sein Kanzler, Matthäus Kardinal Lang, behandeln.

In den Jahren 1523 bis 1524, kurz vor dem Tod Jakob Fuggers des Reichen, lassen sich in zwei nebeneinander liegenden Häusern der Fuggerei Umbaumaßnahmen zur Einrichtung eines Holzhauses nachweisen. Welche Motivation Jakob hier hatte, lässt sich mangels Quellen nicht mehr belegen. Holzkuren wurden an jedermann kostenlos verabreicht. Ursprünglich wurde der Unterhalt des Holzhauses aus den Mitteln der Fuggerei finanziert. 1548 organisierten Anton Fugger und seine Neffen den Status des Holzhauses um und errichteten eine eigene Stiftung zu dessen Unterhalt.

In den letzten hundert Jahren wurde immer wieder die Vermutung geäußert, die Fugger hätten das Holzhaus nur gestiftet, um ein Importmonopol für Guajakholz aus der Neuen Welt abzusichern. Die Quellenlage lässt eine solche Behauptung allerdings nicht zu. Da die Fugger zu diesem Zeitpunkt das spanische Quecksilbermonopol besaßen, hätten sie nicht eine Behandlungsmethode unterstützt, die den Absatz ihres Quecksilbers gefährdet hätte. Der Grund für die Stiftung des Holzhauses durch Jakob und Anton dürfte vielmehr der gleichen mittelalterlichen Gedankenwelt entspringen, die zur Gründung der Fuggerei geführt hatte.

Anton Fugger stiftete das Schneidhaus. Es war eine der ersten chirurgischen Einrichtungen Europas.

Die Veit-Hörl-Stiftung

Die Fuggersche Firma konnte nur durch den großen Einsatz ihrer Mitarbeiter Weltgeltung erreichen. Leitende Mitarbeiter schlossen sich aber auch dem Beispiel ihrer Vorgesetzten an und förderten die Fuggerschen Stiftungen durch eigene Zustiftungen. Begonnen hatte 1546 der kinderlose und sehr vermögende Veit Hörl, der in seinem Testament einen beträchtlichen Teil seines Vermögens für Wohltätigkeitsstiftungen bestimmte. Die Verwaltung dieser Stiftungen übertrug Hörl den Fuggern und ihren Augsburger Stiftungseinrichtungen. Aus Hörls Nachlass wurden Mittel zum Holzhaus

Anton Fugger, der zweite große Stifter in der Familie, erweiterte die Fuggerei und stiftete auch das Spital in Waltenhausen. Es war nicht für Augsburger Bürger, sondern ausschließlich für Bedürftige aus dem ständig wachsenden Grundbesitz der Fugger gedacht.

sowie zur Förderung von Studenten verwendet. Der Südtiroler Veit Hörl war zunächst für die Fuggersche Firma in Spanien tätig, seit 1536 als „Generalverwalter" der Niederlassung Antwerpen.

Die Dr.-Johannes-Mylius-Stiftung

In seinem Testament von 1595 bestimmte der Madrider Jurist und langjährige juristische Berater der Fuggerschen Handelsgesellschaft, Dr. Johannes Mylius, dass aus seinem Nachlass 67 000 Gulden zur Versorgung von Studenten zu verwenden seien. Dieses Legat verwirklichte 1610 die Familie Fugger gegen den Widerstand seiner Verwandten. In Löwen (Niederlande) wurde ein Kolleg (Burse) errichtet. Das Kolleg wurde von Napoleon aufgelöst. Auf dem Wiener Kongreß 1815 unternahmen die Fugger den letzten vergeblichen Versuch, die Wiederherstellung der Löwener Einrichtung zu erreichen.

Die Dr.-Simon-Scheibenhardt-Stiftung

Simon Scheibenhardt hatte sich im Mai des Jahres 1555 erstmals verpflichtet, für sechs Jahre die Prädikaturstelle bei St. Moritz zu übernehmen. Ebenfalls in seinem Testament (vom April 1567) bestimmte der Chorherr und Prediger, dass die Erträge (insgesamt 100 Gulden) aus dem Kapital von 2000 Gulden unter anderem an Kranke im Fuggerschen Holz- und Schneidhaus fallen sollten. Außerdem wurden Arme und Kranke der Reichsstadt Augsburg bedacht.

Die Spitalstiftung Waltenhausen

1548 errichtete Anton Fugger in der Nähe seiner Lieblingsresidenz Babenhausen ein Spital in Waltenhausen. Es sollte hier rund 50 armen Pfründnern aus den Fuggerschen Besitzungen Heimat bieten. Je 25 Plätze waren für Männer, je 25 für Frauen bestimmt. Die Mittel stammten überwiegend aus dem Nachlass des Hieronymus Fugger.

Das Spital in Waltenhausen war auch deshalb bemerkenswert, weil erstmals an verarmte Fuggersche Familienmitglieder gedacht wurde. Dort sollten sie Zuflucht finden und ihre Kinder aus überschüssigen Mitteln unterstützt werden. Das Spital wurde in den zwanziger Jahren des 19. Jahrhunderts geschlossen, die Gebäude größtenteils abgetragen.

Die Fuggerschen Stiftungen als Ganzes

Anton Fugger kann neben Jakob Fugger dem Reichen als zweiter großer Stifter in der Familie Fugger gesehen werden. Er reformierte das Stiftungswerk seines Onkels und gründete selbst neue Stiftungen. Außerdem legte er fest, dass alle Stiftungen gemeinsam von dem jeweils ältesten Nachkommen seines Bruders Raymund und seinem eigenen ältesten Nachkommen verwaltet werden sollten.

Dies galt für alle Stiftungen, die im Umfeld der Fuggerei von Angehörigen der Familie oder Mitarbeitern der Firma gegründet wurden. So bildete sich über die nächsten Jahrhunderte eine Verwaltungseinheit von neun rechtlich selbstständigen Stiftungen heraus. Seit dem

Die Wälder im Fuggerschen Stiftungsbesitz, aus denen die Fuggerei zum großen Teil finanziert wird, liegen schwerpunktmäßig um Laugna und Blumenthal. Im Bild: das Forstamt in Laugna bei Wertingen im Landkreis Dillingen a. d. Donau.

17. Jahrhundert wurde das Vermögen der Fuggerschen Stiftungen in Herrschaftsbesitz mit Forsten angelegt. Es bildeten sich zwei räumliche Schwerpunkte. Zum einen der Bereich um Laugna, in der Nähe von Wertingen, rund 30 Kilometer westlich von Augsburg, zum anderen um Blumenthal, etwa 25 Kilometer östlich von Augsburg, in der Nähe von Aichach.

Zu Beginn des 19. Jahrhunderts, als das gerade neu gegründete Königreich Bayern alle privaten wohltätigen Stiftungen beseitigen wollte, gelang es der Familie Fugger, ihrem Stiftungswerk dieses Schicksal zu ersparen. So existieren diese neun Stiftungen in ihrer Gesamtheit bis heute.

Die Finanzierung der Fuggerschen Stiftungen heute

Heute fließen jährlich allein rund 600 000 Euro in den Gebäudeunterhalt der Fuggerei. Erhalt und Verwaltung der Sozialsiedlung werden nach wie vor ausschließlich aus Stiftungsmitteln finanziert – Stadt Augsburg oder Freistaat Bayern tragen keinen Euro zu dieser Einrichtung bei. Nach wie vor werden die Mittel aus Erträgen der Land- und Forstwirtschaft sowie aus der Vermietung von rund 60 Wohnungen in Augsburg erwirtschaftet. Aufgrund der Entwicklung der Pachtpreise und der unter anderem wegen großer Sturmschäden dramatisch gesunkenen Holzpreise sind die Erträge seit Jahrzehnten rückläufig. Auch der Immobilienbesitz muss ständig mit hohem Aufwand renoviert und unterhalten werden.

Aus diesen Gründen werden andere Einnahmequellen, zum Beispiel aus dem Tourismus, für den Erhalt der Fuggerei immer bedeutender. Der Verkauf von Souvenirs und Literatur im „Himmlischen Fuggerei-Lädle" ist eine dieser Möglichkeiten. Erträge aus Veranstaltungen, zum Beispiel aus der neuen Konzertreihe „Die Fugger und die Musik", gemeinsam mit der Musikhochschule Nürnberg-Augsburg, dem Philharmonischen Orchester Augsburg und der Regio Augsburg Tourismus GmbH organisiert, sind eine andere. Die Fürstlich und Gräflich Fuggersche Stiftungs-Administration vermietet mittlerweile auch die nicht öffentlich zugängliche Leonhardskapelle als kleine, aber feine Tagungsstätte.

Die gotische Leonhardskapelle wird als kleine, aber feine Tagungsstätte vermietet – eine der neuen Finanzierungsmöglichkeiten der beinahe 500 Jahre alten Fuggerei.

Links: Ein Treffpunkt für Fuggerei-Bewohner und Besucher der Sozialsiedlung – der kleine Biergarten beim „Himmlischen Fuggerei-Lädle".
Unten: Zwei Radwanderer auf der Kultur-Route „Via Claudia" beim Halt am Fuggerei-Brunnen.

Die Fuggerei und die Fuggerschen Stiftungen in der Gegenwart

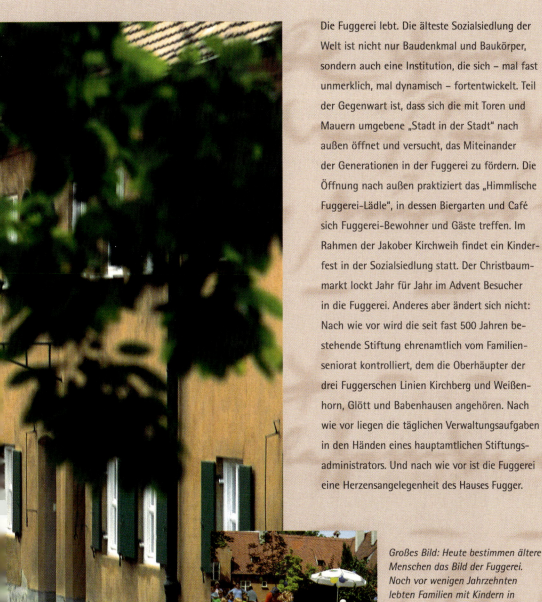

Die Fuggerei lebt. Die älteste Sozialsiedlung der Welt ist nicht nur Baudenkmal und Baukörper, sondern auch eine Institution, die sich – mal fast unmerklich, mal dynamisch – fortentwickelt. Teil der Gegenwart ist, dass sich die mit Toren und Mauern umgebene „Stadt in der Stadt" nach außen öffnet und versucht, das Miteinander der Generationen in der Fuggerei zu fördern. Die Öffnung nach außen praktiziert das „Himmlische Fuggerei-Lädle", in dessen Biergarten und Café sich Fuggerei-Bewohner und Gäste treffen. Im Rahmen der Jakober Kirchweih findet ein Kinderfest in der Sozialsiedlung statt. Der Christbaummarkt lockt Jahr für Jahr im Advent Besucher in die Fuggerei. Anderes aber ändert sich nicht: Nach wie vor wird die seit fast 500 Jahren bestehende Stiftung ehrenamtlich vom Familienseniorat kontrolliert, dem die Oberhäupter der drei Fuggerschen Linien Kirchberg und Weißenhorn, Glött und Babenhausen angehören. Nach wie vor liegen die täglichen Verwaltungsaufgaben in den Händen eines hauptamtlichen Stiftungsadministrators. Und nach wie vor ist die Fuggerei eine Herzensangelegenheit des Hauses Fugger.

Großes Bild: Heute bestimmen ältere Menschen das Bild der Fuggerei. Noch vor wenigen Jahrzehnten lebten Familien mit Kindern in der Sozialsiedlung.
Links: Kinderfest in der Fuggerei.

Seit fast 500 Jahren stellt sich die Fuggerei den jeweiligen Herausforderungen der Zeit. Die Aufgabenstellungen der Gegenwart werden vom Familienseniorat des Hauses Fugger und der bereits seit dem 19. Jahrhundert bestehenden Stiftungs-Administration bewältigt. Neben dem ständigen Bauunterhalt und der Erwirtschaftung der dafür notwendigen Mittel steht gegenwärtig das Ziel im Vordergrund, das Miteinander der Generationen in der Fuggerei zu fördern.

Die gesamte Planung der Fuggerei richtete sich an ihrer Funktion als Armensiedlung aus. Die ersten Häuser der Fuggerei wurden zwischen 1514 und 1523 nach rationellen Gesichtspunkten errichtet. Wesentliche Bauelemente entstanden nach festliegenden Normen. Von ihnen wurde nur im Einzelfall geringfügig abgewichen.

Den meisten Häusern lag der stets wiederkehrende Grundriss einer Dreizimmerwohnung zugrunde. Ihre Einteilung war dadurch bestimmt, dass man die Küche wegen der Brandgefahr an der rückwärtigen Wand unterbrachte, so dass sich auch die Kamine an der Rückseite der Dächer befanden.

Zu den Erdgeschosswohnungen in der Fuggerei gehört ein kleiner Garten mit Schuppen. Diese Gärten werden teilweise liebevoll gepflegt.

150 Menschen leben heute in der Fuggerei, die in ihrer Form seit 1973 nicht mehr verändert wurde.

Die heutige Gestalt der Fuggerei

Diese ursprüngliche Einteilung der Fuggerei-Häuser hat sich bis heute erhalten. Sie besitzen in der Regel zwei Dreizimmerwohnungen mit je 60 Quadratmetern. Ihre heutige Ausstattung und ihre sanitären Einrichtungen entsprechen dem aktuellen Wohnstandard. Zur Erdgeschosswohnung gehört ein kleiner Garten mit einem Schuppen. Die Wohnungen im Obergeschoss verfügen jeweils über einen Speicherraum.

Beide Wohnungen sind vollständig voneinander getrennt, da jedes Haus zwei nebeneinander liegende Eingangstüren besitzt. Die eine führt in die Erdgeschosswohnung, die andere über eine Treppe ins Obergeschoss. Eine Besonderheit: Die Wohnhäuser der Fuggerei sind seit 1519 mit gotischen Zahlen – den ersten Hausnummern Augsburgs – fortlaufend nummeriert.

Die Verwaltung der Fuggerei und der Fuggerschen Stiftungen

Heute handelt es sich bei den Fuggerschen Stiftungen um acht rechtlich selbstständige, private und gemeinnützige Wohltätigkeitsstiftungen, zu denen auch die Fuggerei zählt. Darüber hinaus gibt es die Spitalstiftung in Waltenhausen. Traditionell bildet die Familie unentgeltlich und ehrenamtlich als Familienseniorat bis heute das gemeinsame Stiftungsorgan aller Fuggerschen Stiftungen. Es setzt

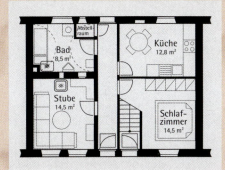

Die ursprüngliche Aufteilung der Häuser in der Fuggerei hat sich erhalten. Sie bieten Raum für zwei Wohnungen mit jeweils 60 Quadratmetern. Hier der Grundriss einer Erdgeschosswohnung.

sich aus drei stimmberechtigten und einem beratenden Familienmitglied zusammen. Die drei stimmberechtigten Mitglieder sind nach dem Senioratsprinzip die Familienoberhäupter der Fuggerschen Linien Kirchberg und Weißenhorn, Fugger von Glött und Fugger von Babenhausen. Das älteste der stimmberechtigten Mitglieder des Familienseniorates ist auf Lebenszeit der Vorsitzende.

Ursprünglich war das Seniorat auch für die tägliche Verwaltung aller Fuggerschen Stiftungen zuständig. Im Laufe der Zeit war dieser Zustand nicht mehr tragbar. So bildete sich im 19. Jahrhundert die Position eines Administra-

Der Grundriss einer Fuggerei-Wohnung im Dachgeschoss. Von der Erdgeschosswohnung ist sie vollständig getrennt, da jedes Haus über zwei nebeneinander liegende Eingänge verfügt.

tors (Verwalters) heraus. Er erledigt seitdem die täglichen Geschäfte hauptamtlich und stellvertretend für das Seniorat.

Heute ist der Administrator Leiter der gesamten Stiftungsverwaltung. In Laugna, rund 30 Kilometer westlich von Augsburg, ist ihm ein Forstamt mit einem akademischen Forstdirektor zugeordnet. Dieser betreut eine Waldfläche von etwa 3200 Hektar. Die Einkünfte der Fuggerschen Stiftungen kommen heute zu 70 Prozent

Die Küche einer Fuggerei-Wohnung.

aus der Forstwirtschaft und zu 30 Prozent aus Immobilienbesitz, der im Laufe der letzten 40 Jahre um die Fuggerei herum erworben wurde.

Die Fuggerei, die Fuggerschen Stiftungen und die Familie heute

Wie zu Zeiten Jakobs des Reichen und Anton Fuggers sind auch heute die Fuggerei und die Fuggerschen Stiftungen ein wichtiger Teil des sozialen Engagements der Familie. Der Wiederaufbau nach 1945 wäre ohne Unterstützung durch das damalige Familienseniorat nicht denkbar gewesen.

In den letzten Jahrzehnten war die Administration vor allem bemüht, die einzelnen Fuggerei-Häuser zu erhalten und zu modernisieren. Auch heute ist dies weiterhin die Hauptaufgabe. Im Laufe der letzten Jahre wandelten sich zum Teil die Verhältnisse. Heute wird immer deutlicher, dass es sich bei der Fuggerei neben dem Baukörper auch um ein soziales und dynamisches Gebilde

Heute werden Personen aufgenommen, die das kommunale Wahlrecht in Augsburg besitzen und gemäß dem Sozialgesetzbuch sozialhilfeberechtigt sind. Durchwegs katholisch sind die Fuggerei-Bewohner deswegen, weil der 1521 verfasste Stiftungsbrief das „Ave Maria" als eines der drei täglichen Gebete für die Stifterfamilie bestimmt, die als ideeller Bestandteil der Miete zu sprechen sind. Noch heute beträgt die Jahreskaltmiete pro Wohnung den Wert eines Rheinischen Gulden, derzeit 0,88 Euro. Zusätzlich müssen allerdings noch Nebenkosten für Strom, Gas, Müll, Wasser und Straßenreinigung berechnet werden.

Die erwähnten Gebete für die Stifter und ihre Nachkommen, die Jakob Fugger der Reiche und Anton Fugger in ihren Stiftungsbriefen festgelegt hatten, werden bis zum heutigen Tag in der Kirche gesprochen. Die Fuggerei-Bewohner

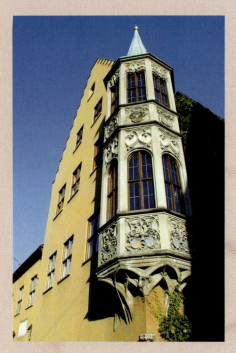

Unübersehbar ist der markante Höchstetter-Erker, der 1962 in das Seniorats- und Verwaltungsgebäude der Sozialsiedlung integriert wurde.

handelt. Zur Zeit wohnen in der Fuggerei etwa 150 Menschen in den 67 Häusern mit insgesamt 140 Wohnungen. Nach dem Zweiten Weltkrieg entwickelte sich die Fuggerei zur Sozialsiedlung für meist ältere Menschen. Derzeit werden die Menschen, die hier einziehen, aber immer jünger.

Um den Kontakt der Generationen in der Fuggerei zu intensivieren, werden Veranstaltungen für Bewohner und Besucher angeboten: Das Kinderfest zur Jakober Kirchweih ist eine davon.

sind aber nicht verpflichtet, an diesen Gebeten teilzunehmen. Hier unterliegt natürlich jeder seinem eigenen Gewissen. Die Stiftungen und die Familie sehen ihre Aufgabe nicht darin, die Bewohner zu kontrollieren, ob sie den Gebetsverpflichtungen aus dem Stiftungsbrief nachkommen.

Wie in zahlreichen anderen Sozialsiedlungen in Deutschland gibt es auch in der Fuggerei Treffpunkte für Bewohner und Besucher. Im

Ein Blick in eine der 140 Wohnungen der Sozialsiedlung.

In den letzten Jahren wurden in der Fuggerei Kinderfeste für ganz Augsburg veranstaltet, um die Kommunikation der Generationen durch das Miteinander von Jung und Alt zu fördern. Über diesen und vielen anderen Aktivitäten in der Fuggerei steht die gemeinsame Überschrift: „Die Fuggerei lebt."

Ein Anziehungspunkt für Augsburger und auswärtige Gäste ist seit Jahren der Christbaummarkt in der Fuggerei. Neben Glühwein und Würstchen, Wild und Fisch werden auch Christbäume aus Fuggerschen Stiftungswäldern und aus anderen bayerischen Forsten angeboten. Solche Aktivitäten tragen zur finanziellen Unterstützung der Fuggerei bei.

Gemeinschaftsraum der Sozialsiedlung an der Herrengasse feiern die Fuggerei-Bewohner ihre privaten Feste oder nehmen an Veranstaltungen wie dem vom Fuggerei-Geistlichen organisierten Fuggerei-Fasching teil. Als Kommunikationspunkt für Bewohner und Fuggerei-Besucher hat sich mittlerweile das „Himmlische Fuggerei-Lädle" etabliert.

Ein neuer Treffpunkt in der Fuggerei ist das im Jahr 2001 eröffnete „Himmlische Fuggerei-Lädle". Im Café dieses Fuggerei-Museumsshops steht Besuchern eine kleine Bibliothek zur Geschichte der Fugger und der Fuggerei zur Verfügung.

Links: Der Blick über die von ganz individuell gestalteten Kaminen geprägten Dächer der Fuggerei.
Unten: Die letzten Gaslaternen Augsburgs werden Nacht für Nacht in der Sozialsiedlung entzündet.

Ein Rundgang durch die Fuggerei: zwischen Markuskirche und Museum

Gleich mehrere Mitglieder der Augsburger Künstlerfamilie Mozart, Vorfahren des Komponisten Wolfgang Amadeus Mozart, waren in Augsburg als Maurer und Baumeister tätig – vielfach auch für die Familie Fugger wie für die Fuggerschen Stiftungen. Der Urgroßvater des Musikgenies, Franz Mozart, lebte lange Jahre in der Fuggerei und arbeitete bis zu seinem Tod als Stiftungsbaumeister in und außerhalb der Sozialsiedlung, in der er 1694 starb. Die Gedenktafel an der Fassade des Hauses Nr. 14 erinnert daran. Das ist eine der Geschichten, auf die Besucher der Fuggerei stoßen: Erinnerungen an die Stifter und Bewohner der Fuggerei, an einen „Wassermann" und an die Nachtwächter, die hier bis heute die zur Nachtzeit geschlossenen Tore hüten und abends die letzte erhaltene Gasbeleuchtung Augsburgs anzünden. Die Fuggerei-Häuser erzählen aber auch vom früheren Schulmeister, von „Holzkuren" und von einem längst aufgegebenen „Krankenhaus" der Sozialsiedlung. Die Fuggerei ist mit Ausnahme der Nachtstunden öffentlich zugänglich. Das Museum ist von März bis Dezember geöffnet.

Großes Bild: Unübersehbarer Mittelpunkt in der Hauptkreuzung der Fuggerei ist der Schalenbrunnen. Links: Heiligenbilder und -figuren zieren etliche der im einheitlichen Gelb getünchten Fassaden der Fuggerei-Häuser.

Hunderttausende Gäste und Augsburger besuchen jährlich die Fuggerei. In Hochzeiten des Städtetourismus kann man die verschiedensten Gruppen gleichzeitig beobachten. Bayerische Schulkinder und japanische Individualreisende, eine italienische Familie oder eine englischsprachige Stadtführung ... Wer in den Morgenstunden kommt, kann die Sozialsiedlung aber auch in klösterlicher Stille erleben. Jede Tages- und jede Jahreszeit hat hier ihren ganz eigenen Reiz.

Der Besuch der Fuggerei zählt für Augsburg-Gäste zum touristischen „Pflichtprogramm". Zahlreiche Stadtführer(innen) erklären Jahr für Jahr die dortigen Sehenswürdigkeiten.

Das Wachstum der Fuggerei ist das Ergebnis der Entwicklung während der letzten Jahrhunderte. Ursprünglich bildete die Alt-Fuggerei ein von Hinterer Gasse, Saugasse, Finsterer Gasse und Herrengasse gebildetes Viereck. Die Namen der Fuggerei-Gassen leiteten sich zum Teil aus der Umgebung der Siedlung ab. So erinnert die Saugasse an den früher vor ihrem Tor abgehaltenen Schweinemarkt und die Ochsengasse an den dort vorbeifließenden Ochsenlech, an dessen Ufern Rinder weideten.

Durch fünf Tore kommt man in die Fuggerei. Drei von ihnen zieren in Jurakalk gemeißelte lateinische Inschriften, die an die Intentionen der Stifter erinnern. Die Inschrift über dem Tor am Jakobsplatz besticht durch große künstlerische Qualität. Sie wurde in Antiquabuchstaben – noch zu Lebzeiten Jakob Fuggers – gesetzt. Aus der gleichen Zeit stammen die flankierenden Steine, ein Fuggerscher Wappenschild mit der Doppellilie und dazugehörigem Helm. Sie bilden den einzigen Schmuck der breiten Tore, die jeweils in den Farben des 1473 von Kaiser Friedrich III. verliehenen blau-gelben Lilien-Wappens gehalten sind.

Der Tradition gemäß werden die Tore der Fuggerei abends um zehn Uhr geschlossen und morgens um fünf Uhr wieder geöffnet. Diese mittelalterlichen Verhältnissen entsprechende Regel hat bis heute ihren Sinn. Sie kommt dem Schutz- und Ruhebedürfnis der Bewohner entgegen und bewahrt zugleich den Charakter der Fuggerei als einer Stiftung, die nach ihren eigenen Gesetzen lebt.

Das Seniorats- und Verwaltungsgebäude

Nach Norden hin wird die Fuggerei durch das Verwaltungsgebäude der Fuggerschen Stiftungen von der Jakoberstraße abgeschirmt. Der Bau erstreckt sich von der Nordseite von St. Markus über den Torbau und die gesamte Nordseite des Markusplätzchens. Der Komplex wurde nach den Zerstörungen des Zweiten Weltkrieges wieder aufgebaut und unter Einbeziehung neu erworbener Nachbargrundstücke vergrößert.

Das Ochsentor am Sparrenlech. Zur Nachtzeit ist nur dieses Tor der Fuggerei geöffnet. Wer nach 22 Uhr kommt, belohnt den Nachtwächter mit einem symbolischen Obolus.

An den Verwaltungstrakt der Fuggerei schließt sich das Tor zur Jakoberstraße an, das wiederum an das Senioratsgebäude angrenzt. 1950 entstand dieses Senioratsgebäude im Zuge des Wiederaufbaus des ehemaligen Verwaltungswohnhauses neu. In den Neubau wurden Reste von Augsburger Patrizierhäusern der Spätgotik und Frührenaissance eingebaut, die nach dem Zweiten Weltkrieg aus den Ruinen verschiedener Augsburger Häuser geborgen und in die Fuggerei integriert wurden.

Von der Jakoberstraße aus gesehen fällt am Senioratsgebäude der eingebaute gotische Prunk-Erker an der Nordwestecke auf. Dieser „Höchstetter-Erker" ist seit 1944 der letzte erhaltene Teil des ehemaligen Höchstetter-Hauses am Kesselmarkt. Es war Sitz eines berühmten Augsburger Kaufherrengeschlechts. Anfang des 16. Jahrhunderts zählte es zu den schärfsten Konkurrenten der Fugger. Der repräsentative Erker ihres Hauses war von Ambrosius Höchstetter bei Burkhard Engelberg in Auftrag

Aus dem Stadtpalast der Welser stammt die Leonhardskapelle im Senioratsgebäude. Dieses Architektur-Kleinod wurde erst nach dem Zweiten Weltkrieg, in dem das Welser-Haus zerstört wurde, in die Fuggerei integriert.

gegeben und 1507 unter maßgeblicher Beteiligung des Bildhauers Gregor Erhart vollendet worden.

Im ersten Stock des Erkers bezeugt das Allianzwappen Ambrosius Höchstetters und seiner Ehefrau Anna Rehlinger die Herkunft des Prunk-Erkers. Die Reliefs unter den Fenstern des oberen Stockwerks zeigen die bedeutende Stellung Ambrosius Höchstetters als Bankier des deutschen Königs und Kaisers. Zugleich brachte Höchstetter durch die drei Herrschaftswappen in den mittleren Feldern dem Kaiser Maximilian und dem Haus Habsburg seine Huldigung dar.

Neben der Stifterinschrift und den Fuggerschen Wappensteinen, die am Torhaus zur Jakoberstraße angebracht sind, bestimmt ein flacher, mit zwei charakteristischen Seitenfenstern versehener Erker die Front des Senioratsgebäudes. Er erinnert an den im Krieg zerstörten Erker der „Goldenen Schreibstube" Jakob Fuggers am Mettlochgässchen.

Blick durch die Herrengasse auf die Markuskirche und auf den den Torbau auf der Nordseite des Markusplätzles.

Westlich des Torbogens, im Keller des Senioratsgebäudes, fand die Leonhardskapelle des ehemaligen Augsburger Welser-Hauses ihren Platz. Die Welser waren während der Renaissance die bedeutendste Konkurrenz der Fugger. Sie gingen als die glücklosen Besitzer und Kolonisatoren Venezuelas in die Geschichtsbücher ein. Das früher an der Ecke der Karl- und Karolinenstraße gelegene Bauwerk konnte trotz schwerer Kriegsschäden rekonstruiert werden. 1241 erstmals erwähnt, wird das Erscheinungsbild der Kapelle von einem Umbau in der Mitte des 14. Jahrhunderts bestimmt. Hohe, dreiteilige Rippengewölbe ruhen auf fünf Rundpfeilern mit Kapitellen, deren plastischer Schmuck die Legende des heiligen Leonhard darstellt. Die Leonhardskapelle des Senioratsgebäudes gehört mit einer ganz eigenwilligen Raumgestaltung zu den bemerkenswerten Zeugnissen gotischer Architektur. Diese Kapelle ist nicht öffentlich zugänglich, sie wird jedoch für Konzerte, Firmenveranstaltungen und ähnliche Anlässe vermietet.

Das Markusplätzle

1945 gelang es den Fuggerschen Stiftungen, Trümmergrundstücke gegenüber von St. Markus zu erwerben. Zudem wurde der angrenzende Holeisenhof, ein ehemaliges Stadtpalais des 18. Jahrhunderts, erworben. Auch das Palais war im Krieg zerstört worden. Deshalb bot sich die Möglichkeit, einen kleinen, umbauten Platz vor der Kirche anzulegen, der vom Administrationsgebäude rechts begrenzt wurde. Die südliche Grenze bildet das Gebäude, in dem heute der Gemeinschaftsraum der Fuggerei untergebracht ist. Der Holeisenhof grenzt diesen Platz nach hinten ab. Er ist heute die Wohnung des Administrators der Fuggerschen Stiftungen.

Das Markusplätzle gegenüber der Markuskirche entstand erst nach den Zerstörungen des Zweiten Weltkriegs. Heute wohnt hier der Administrator der Fuggerschen Stiftungen.

Die Kirche St. Markus

Markus und Philipp Eduard Fugger, auf die der Bau der Fuggerei-Kirche zurückging, beauftragten 1581 ihren „täglichen Maur- und Werkmeister" Hans Holl mit dem Bau. Hans Holl schuf in St. Markus einen äußerlich schlichten, nach Süden gerichteten Saalbau mit Satteldach und welscher Haube. Am südlichem Volutengiebel wurde der Wahlspruch Jakob Fuggers „Nütze die Zeit" angebracht. Über der Kirchentüre von St. Markus berichtet eine Inschrift von der Geschichte des Gebäudes. Sein Wiederaufbau nach der Zerstörung im Zweiten Weltkrieg geschah auf Beschluss des Seniorats der Fuggerschen Stiftungen, dem damals S. D. Joseph Ernst Fürst Fugger von Glött, S. E. Dr. Clemens Graf Fugger-Kirchberg-Weißenhorn und S. D. Friedrich Carl Fürst Fugger-Babenhausen angehörten. An diese Persönlichkeiten erinnern die Wappen ihrer Linien in den westlichen Fenstern von St. Markus.

Der Innenraum der Kirche wurde im Lauf der Jahrhunderte mehrfach grundlegend umgestaltet. Von der ursprünglichen Renaissanceausstattung ist nur das Taufbecken an der Nordseite geblieben. Es ist eine mit reichem Blattwerk geschmückte Sandsteinarbeit des späten 16. Jahrhunderts. Eine zweite Innenausstattung wurde 1725 bis 1731 geschaffen. Der Kirchenraum bekam eine in blau-gelb gehaltene baldachinartige Altarumrahmung, Deckenfresken und zart getönte Stuckgirlanden im Stil des Spätbarocks. 1944 wurde diese Ausstattung zerstört. Erhalten blieb aber das Altarblatt, eine um 1600 entstandene „Kreuzigung Christi" des venezianischen Malers Jacopo Palma il Giovane.

Das Altarblatt ist erst seit 1731 in der Fuggerei. Nach dem Zweiten Weltkrieg wurde ihm ein Renaissancealtar angepasst. Ursprünglich stand dieser Altar wohl in St. Ulrich und Afra. Er wurde möglicherweise von Wendel Dietrich gegen Ende des 16. Jahrhunderts geschaffen. Der Giebel des strengen und von zwei Säulen flankierten Altaraufbaus trägt das Fuggersche Wappen.

Die heutige, nach Kriegsende in ihrer Anordnung neugestaltete Einrichtung von St. Markus entspricht der ursprünglichen Ausstattung und

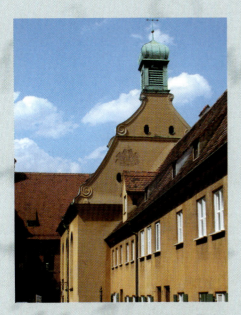

Die kleine Kirche St. Markus ließen Markus und Philipp Eduard Fugger von Hans Holl, dem Vater des großen Augsburger Renaissance-Baumeisters Elias Holl, errichten.

stammt größtenteils aus dem 16. Jahrhundert. Um 1550 bis 1560 entstand die Kassettendecke. Sie kam vermutlich aus dem Fuggerschen Stiftungshaus bei St. Anna. Ihr acht auf fünf Meter messendes Herzstück, erkennbar an einer kunstvollen Einlegearbeit, ist original, die Umrahmung ergänzt. Den Übergang von der Decke zu den Wänden bildet ein Fresko, das den ganzen Raum umschließt.

Im Fresko sind an der Ostseite der Kirche von Nord nach Süd die Wappen der ehemaligen Fuggerschen Herrschaften Hoheneck, Babenhausen und Bollweiler zu sehen. Mit dem im 16. Jahrhundert bekannten Fuggerschen Handelszeichen, einem Dreizack mit kleinem Ring am Ende des Schaftes, schließt das Fresko ab. Auf der Westseite erkennt man das Fuggersche Doppellilienwappen sowie die Wappen der Grafen von Kirchberg, der Stadt Weißenhorn und der Fugger vom Reh.

1950 wurde in die Westwand von St. Markus das Epitaph Ulrich Fuggers (1441 bis 1510), des ältesten Bruders Jakob Fuggers, eingelassen, den die Inschriften der Tore als Mitstifter nennen. Das aus Solnhofer Stein gefertigte Relief stammt aus der Fugger-Kapelle bei St. Anna. Geschaffen hat es der Augsburger Bildhauer Sebastian Loscher vor 1518. Sein Werk stellt den fast siebzigjährigen Ulrich Fugger auf der Totenbahre dar, umgeben von trauernden Satyrn. Die Inschrift ist von zwei auf Delfinen reitenden Putten flankiert. Ein das Epitaph ergänzendes Relief der Auferstehung Christi befindet sich heute in St. Anna.

Das Bildnis eines der Stifter von St. Markus findet sich in der Predella (so die Bezeichnung für den Unterbau eines Tafelbilds) des kleinen Flügelaltars an der Ostwand. Markus Fugger (1529 bis 1597), der sich als Humanist, Kaufmann und Verfechter der Gegenreformation einen Namen machte, ist mit seiner Familie auf dem Ende des 16. Jahrhunderts entstandenen Tafelbild dargestellt. Der Altar selbst, ein illerschwäbisches Werk aus der gleichen Zeit, zeigt eine Marienkrönung und Flachreliefs des Erzengels Michael und der heiligen Anna. Er stand vor 1940 in der Kapelle des Fuggerhauses am Weinmarkt und stammt ursprünglich aus dem Fugger-Schloss Babenhausen.

In der Südwestecke von St. Markus bewahrt man das Ulrichsreliquiar auf. Ursprünglich befand es sich im Hochaltar der Stiftskirche St. Ulrich und Afra. Nach dem Zweiten Weltkrieg kam es in die Markuskirche. Heute enthält der Sarkophag Reliquien der heiligen Ursula und der Thebaischen Legion. Die Reliquien stammen aus

Am Eingang zur kleinen Kirche St. Markus finden sich Gedenktafeln mit den Namen der Stifter.

Im Haus Nr. 35 wohnte der Lehrer der Fuggerei. Hier wurden die in der Sozialsiedlung lebenden Kinder unterrichtet. Das Haus ist heute Sakristei und Wohnung des Fuggerei-Geistlichen.

der Kapelle des Fuggerhauses am Weinmarkt. Zwei geflügelte Engelsköpfe schmücken die Südwand von St. Markus. Es sind fränkische Arbeiten des 17. Jahrhunderts.

Die Orgel mit dem in Eiche gearbeiteten Gehäuse entstand neuen Erkenntnissen zufolge gegen 1750. Es handelt sich um eine ehemalige Kabinettsorgel, die vermutlich Jacob Engelbert Teschemacher aus Elberfeld (1711 bis 1782) geschaffen hat. Das Werk ist nach 1900 umgebaut worden. Ebenfalls über der Empore, die auf einem italienischen Säulenpaar ruht, befindet sich ein Gemälde des heiligen Antonius. Zwei Gemälde, die den heiligen Carl Borromäus und den heiligen Franziskus darstellen, findet man an der Westwand von St. Markus.

Über die Brüstung der Orgelempore hängt ein Wandteppich mit dem Wappen der Fugger, umgeben von den Namenspatronen der Brüder Ulrich und Georg Fugger sowie einer Szene der Lechfeldschlacht. Dieser Teppich wurde 1956 im Benediktinerinnenkloster St. Walburg in Eichstätt hergestellt.

An der Ostseite der Kirche befindet sich eine Schutzmantelmadonna mit einer Abbildung der Fuggerei. Sie ist ein 1949 entstandenes Werk des Bamberger Künstlers Hans Leitherer. Die Madonna erinnert an die Zerstörungen des letzten Weltkriegs sowie den Wiederaufbau.

Das Haus Nr. 35

Als letztes Haus der Herrengasse vor St. Markus gelegen, ist Nr. 35 heute Sakristei und Wohnung des Fuggerei-Geistlichen. Früher diente es als Schule und Unterkunft des Lehrers, der zugleich Mesner von St. Markus war. Die Schule der Fuggerei, in der man nach katholischen Glaubensgrundsätzen Unterricht gab, wurde Mitte des 17. Jahrhunderts gegründet. Unterrichtet wurde in der Wohnung des Lehrers in Nr. 35, gelegentlich auch in einer Schulstube, die in der Mittleren Gasse Nr. 16 eingerichtet war. Für seine Mühe erhielt der Schulmeister 1731 jährlich fünfzehn Gulden und einen Schäffel Roggen als „Salarium". 1754 wurde eine Wand der Schulmeisterwohnung herausgebrochen, um das vorhandene Platzproblem der Schule zu beseitigen.

Das Holzhaus

Mit den Häusern Nr. 40, 41 und 42 beginnt die westliche Zeile der Herrengasse. Hier war während des 16. Jahrhunderts das so genannte Holzhaus untergebracht. Der Name Holzhaus leitet sich von den Kuren und Extrakten des süd- und mittelamerikanischen Guajakholzes ab, mit dem man hier damals die seuchenartige Verbreitung der Syphilis bekämpfte.

Äußerlich glich das Krankenhaus den übrigen Fuggerei-Häusern, doch waren die inneren

In den Häusern Nr. 40 bis 42 wurde im 16. Jahrhundert die Syphilis mit den so genannten „Holzkuren" bekämpft.

Trennwände teilweise entfernt, um im Obergeschoss zwei große Krankensäle einrichten zu können. In ihnen lagen je neun bis zehn Männer und Frauen. Zusätzlich nahm man zwei bis vier schwere Fälle in kleineren Zimmern des Erdgeschosses auf, wo sie mit „Schmierb, Rauch und scharfer Arznei" behandelt wurden. Andere Räume im Erdgeschoss dienten als Bad oder als „Schaustube", in der ein Arzt und ein Wundarzt täglich zweimal die Kranken versorgten.

Das Holzhaus unterstand der allgemeinen Verwaltung der Fuggerei, wurde jedoch von einem kinderlosen Ehepaar – sie wurden „Holzvater" und „Holzmutter" genannt – geleitet. Da Frühstadien und Verlauf der Syphilis unbekannt waren, suchten durchweg nur schwerkranke Menschen das Holzhaus auf. Nicht selten waren sie durch ihr Leiden so heruntergekommen, dass sie dürftig in Lumpen gehüllt, „nacket und bloß" Einlass begehrten. Aufgenommen wurden sie den Statuten zufolge jedoch nur, wenn sie vorher gebeichtet und die Kommunion empfangen hatten.

Die Holzkur dauerte in der Regel zwei Monate und wurde nur zwischen März und November durchgeführt. Der warmen Jahreszeit schrieb man besondere Heilkräfte zu. Als Arznei diente das Guajakholz, dessen Essenzen man auf verschiedenste Art zu gewinnen suchte. Oft wurde es mit Wasser, Wein oder Essig aufgekocht und der Absud den Patienten als Getränk bei der Mahlzeit oder als Schwitzwasser gereicht. Ebenso häufig ließ man das Wasser verdampfen oder fachte ein Feuer mit Guajakholz an, dessen beißender Rauch das Krankenzimmer durchzog. Die abgestandene, übelriechende Luft war für die Patienten kaum erträglich, so dass sie sich nach der Kur mehrere Wochen erholen mussten. Dabei schlossen mancherlei Salben und Kräuter, das Allheilmittel des Aderlasses, Lehmwasser oder Pfefferbäder die ärztliche Behandlung ab.

Hartnäckige Fälle wurden oft lange vergeblich behandelt. Es konnte sogar vorkommen, dass keiner der Patienten die Kur überlebte, in der Regel aber wurden manche der todkrank aufgenommenen Menschen geheilt entlassen. Arme wurden nach ihrer Heilung neu eingekleidet. Sie wurden zudem mit Nahrungsmitteln und mit Geld ausgestattet, „damit sie nit wieder

Mittelpunkt der Hauptkreuzung der Fuggerei ist der unübersehbare Schalenbrunnen.

umbfallen". Starb ein Familienvater im Holzhaus, so sorgten die Fugger für die hinterbliebenen Kinder bis zu ihrer Volljährigkeit.

Der Brunnen

Der Brunnen im Herzen der Fuggerei ist kein kunsthistorisch interessantes Objekt. Dennoch hat seine Lage als Mittelpunkt der Hauptkreuzung der Fuggerei seinen eigenen Reiz. Wenn die Tore nachts geschlossen sind und der matte Schein der Gaslaternen bizarre Schatten auf die Mauern der Häuser wirft, klingt sein ständiges Plätschern weithin durch die Stille in der Fuggerei.

An der Stelle des heutigen Brunnens wurde 1599 ein hölzerner Springbrunnen als erster Wasseranschluss der Fuggerei errichtet. Die Stadt Augsburg hatte ihn „gratis in die Fuggerei zu führen vergönnt". Davor gab es lediglich einige Wasserpumpen. Eine von ihnen ist heute noch bei der Kirche St. Markus zu sehen. Von den einzelnen Häuschen erhielten Nr. 40 bis 42, die zeitweilig als Krankenhaus dienten, schon 1638 fließendes Wasser. Allerdings waren die Leitungsrohre zunächst aus Holz, später aus Eisen oder Blei, so dass man ständig mit Rohrbrüchen zu kämpfen hatte. 1715 wurde dem Tagelöhner Josef Huber eine kostenfreie Wohnung in der Fuggerei unter der Bedingung gewährt, dass er sich um die Instandhaltung der Wasserleitungen kümmerte, weshalb ihn alle Welt den „Wassermann" nannte.

Anton Fugger ließ die Ochsengasse anlegen – die erste Erweiterung der von seinem Vorgänger Jakob Fugger errichteten Fuggerei.

Die Ochsengasse

Die Ochsengasse, durch die der Weg vom Brunnen weiterführt, wurde als erste Erweiterung der Fuggerei vermutlich im 16. Jahrhundert von Anton Fugger angelegt. Ursprünglich war nur ihre Südseite bebaut. Nach Norden blieb der Blick in den heute noch erhaltenen, früher dem Verwalter der Fuggerei zur persönlichen Nutzung überlassenen Garten frei, bis man im 18. Jahrhundert Nr. 53 errichtete, zunächst als bescheidenes einstöckiges Häuschen, in dem seit 1754 der Kaplan der Markuskirche wohnte. Aus der gleichen Zeit stammt der westlich anschließende, weit in die Gasse vorspringende ehemalige Pferdestall, in dem jetzt die Schreinerei der Fuggerei untergebracht ist.

Das Ochsentor

Das mit Inschrift und Wappen der Stifter versehene Torgebäude am Sparrenlech, das so genannte „Ochsentor", hat sich in seiner ursprünglichen malerischen Gestalt erhalten. An dieser Nachtpforte lassen ein Nachtwächter (oder die Nachtwächterin) die nach 22 Uhr heimkehrenden Fuggerei-Bewohner ein. Will jemand nach Torschluss die Fuggerei betreten, so kann der Wächter durch ein in den äußeren Torbogen eingebautes Fenster erkennen, ob er dem Anklopfenden öffnen kann. Wer das Tor passiert, schuldet dem Hüter vor Mitternacht 0,50 Euro, später einen Euro.

Die Erweiterungen der Fuggerei

In der Nähe des Torhauses am Sparrenlech steht man mitten im Erweiterungsbereich der Fuggerei nach dem Zweiten Weltkrieg. Die ganze Häuserreihe, die sich rechts und links des Tores parallel zum Sparrenlech erstreckt, wurde mit Ausnahme von Nr. 52 erst in den Nachkriegsjahren nach alten Vorbildern neu erbaut. Bis 1944 stand nördlich des Torgebäudes ein nicht zur Fuggerei gehörender Komplex hoher Häuser.

Wieder zurück in der Ochsengasse biegt man beim Brunnen nach rechts in die Neue Gasse ein. Alle an der Neuen Gasse und an der Gartengasse gelegenen Häuser wurden wie die am Sparrenlech 1956 auf Ruinengrundstücken erbaut, die seit Kriegsende nach und nach angekauft wurden und die Fuggerei um ein Drittel ihres früheren Besitzstandes vergrößerten. Eine weitläufige Grünanlage stellte den ursprünglichen Charakter der Fuggerei als einer von Gärten umschlossenen Siedlung wieder her.

Das Haus Nr. 14

Das Haus Nr. 14 liegt neben dem Fuggerei-Museum und wurde seit 1681 von der Familie des Augsburger Maurers Franz Mozart bewohnt. Er war der Urgroßvater von Wolfgang Amadeus Mozart. Der Maurer wurde im Alter von 30 Jahren in die Fuggerei aufgenommen,

Das Ochsentor am Sparrenlech. Es erlaubt nach 22 Uhr als einziges der fünf Tore der Fuggerei den späten Weg zurück in die Sozialsiedlung.

Das Haus Nr. 13 (Fuggerei-Museum)

An der Südseite der Mittleren Gasse ist im Haus Nr. 13 das Fuggerei-Museum untergebracht. Es ist das einzige Haus, dessen ursprünglicher Bauzustand weitgehend erhalten ist. Der gesamte innere Holzausbau, Wände, Decken und Türen, der mit Ochsenblut eingelassene Flur und der Kamin stammen noch aus der Gründungszeit der Fuggerei. Das Museum, das die Größe und die Einteilung der Wohnungen in der Fuggerei zeigt, hat drei Zimmer und eine Küche.

Die Gedenktafel am Haus Nr. 14 erinnert daran, dass hier der Urgroßvater von Wolfgang Amadeus Mozart lebte.

Die Wohnstube mit ihrer Balkendecke und ihren alten Möbeln wurde während früherer Jahrhunderte nicht nur bewohnt, sondern war

nachdem er zuvor in bitterste Not geraten war. Vermutlich verarmte er, nachdem er half, die Leiche eines Scharfrichterknechtes zu begraben. Diese nach damaligen Begriffen unehrbare Tat hatte für Mozart die Folge, dass er in Augsburg keine Arbeit mehr fand und aus der Gesellschaft ausgestoßen wurde.

Franz Mozart hat danach als Stiftungsbaumeister der Fuggerei sein Brot verdient. Im Alter von 44 Jahren starb er im Haus Nr. 14. Baumeister aus der Augsburger Künstlerfamilie Mozart hatten schon seit zwei Generationen für das Haus Fugger und für die Fuggersche Stiftungs-Administration gearbeitet.

Die Stube im Fuggerei-Museum demonstriert den für frühere Jahrhunderte vorbildhaften Wohnkomfort der Sozialsiedlung.

zugleich Arbeitsplatz. Hier saßen die Frauen am Spinnrad und die Männer übten ihren Beruf aus. Um großes Arbeitsgerät – zum Beispiel Webstühle – unterbringen zu können, wurden oftmals Teile der Stuben oder anderer Räume abgeteilt und umgebaut. Dennoch spielte sich auch das Familienleben der Bewohner in diesem Raum ab. Geheizt wurde durch den schmiedeeisernen, mit der Fuggerschen Lilie als Stifterwappen verzierten Ofen, der von der Küche aus gefeuert wurde.

Als praktisch erwies sich bereits vor Jahrhunderten die kleine Durchreiche neben dem Ofen, die Küche und Wohnstube verband. Im gegenüberliegenden Schlafzimmer stehen buntbemalte Möbel, unter denen das Himmelbett

Blick in das Schlafzimmer im Fuggerei-Museum.

Im Haus Nr. 1 in der Saugasse war ursprünglich die Krankenstation der Fuggerei. Hier wurden ausschließlich Angestellte der Fugger-Firma und Diener der Familie Fugger aufgenommen.

besonders hervorsticht. In Vitrinen befinden sich Figuren mit der Kleidung einer Frau und eines Mädchens um 1850/60, wie sie damals in Schwaben getragen wurden. Beleuchtet wurde der Raum durch eine Laterne in der Lichtnische neben dem Bett. Decken und Kissen wärmte man durch eine mit glühenden Kohlen gefüllte Bettpfanne aus Messing. Neben und über der Tür umschließt ein Holzverschlag die Treppe zum Obergeschoss. Diese bauliche Eigenart findet sich in jeder Fuggerei-Wohnung.

Die Küche präsentiert sich mit ihrem offenen Herdfeuer und alten Gebrauchsgegenständen wie den Schüsseln und Backformen. Der auf einem schweren Balken ruhende Rauchfang stellt als letzter in der Fuggerei den ursprünglichen Zustand dar.

Früher diente die Küche nicht nur ihrem herkömmlichen Zweck, sondern wurde zugleich als Wohnraum im Winter benutzt. Das heiße Wasser bereitete man über dem offenen Feuer in Kupferkesseln. Allerdings stellte sich bald heraus, dass der aufsteigende Dampf die hölzernen Wände der Häuser angriff. Deshalb entstanden nach 1617 in der Fuggerei gesonderte Waschküchen und ein Gemeinschaftsbad.

Auch die Toilette stand früher meist in der Küche. Es handelte sich um einen tragbaren Stuhl, dessen Behälter bei Dunkelheit in den Lauterlech entleert wurde. Diese zur damaligen Zeit gebräuchlichste Methode wurde jedoch bald durch Sickergruben ersetzt, die wiederum im 20. Jahrhundert durch die Kanalisation verdrängt wurden. Gegenüber der Küche ist der Ausstellungsraum des Museums untergebracht. Er enthält Zeugnisse und Dokumente zur Geschichte der Fuggerei, darunter alte Stadtpläne, die die bauliche Entwicklung der Stiftung zeigen. Das große Modell der Fuggerei in der Mitte des Raumes verdeutlicht den Bestand vor den Zerstörungen im Zweiten Weltkrieg.

Das Haus Nr. 1

Gleich hinter dem Tor am Jakobsplatz, an der Ostseite der Saugasse, war ursprünglich eine Krankenstation. Ihre Lage bot günstige Voraussetzungen für diese Nutzung, denn durch die Saugasse floss damals von Süden nach Norden der Lauterlech, dessen Wasser für die Krankenpflege unentbehrlich war. Im Gegensatz zu allen anderen Gebäuden der Fuggerei konnten in die Krankenstation in Nr. 1 nur Angestellte der Fuggerschen Firma sowie Diener der Fugger aufgenommen werden.

Gegründet wurde diese Einrichtung um 1520. Trotz ihrer besonderen Aufgaben wich ihre bauliche Gestaltung nicht von der anderer Fuggerei-Häuser ab. In ihrem Erd- und Obergeschoss waren durch getrennte Eingänge erreichbare Wohnungen mit je drei Zimmern und einer Küche untergebracht.

Das Eingangstor zur Saugasse: Sie führte einst zur Krankenstation der Fuggerei.

Höchstens sechs Kranke fanden im Haus Nr. 1 Aufnahme. Wahrscheinlich lagen die Krankenzimmer im Erdgeschoss, denn oben wohnte der Verwalter. Zusammen mit zwei Helfern kümmerte er sich Tag und Nacht um seine Patienten. Über medizinisches Wissen verfügte der Verwalter kaum. Das geht daraus hervor, dass sein Haus weder ärztliche Instrumente noch einen Behandlungsraum besaß. Der Arzt hatte alles Notwendige selbst mitzubringen.

Der gehobene Stand mancher Patienten der Fuggerschen Krankenstation kommt dadurch zum Ausdruck, dass sie abends drei Messingleuchter bekamen. In deren Schein konnten sie neben ihren Bibeln und Andachtsbüchern die Werke einer für sie eingerichteten Bibliothek lesen. Bücher waren damals noch eine so seltene Kostbarkeit, dass die in der Krankenstation aufbewahrten Schriften, eine Chronik der Stadt Augsburg und Fabeln des griechischen Dichters Äsop, einen wertvollen Besitz darstellten.

Nach einer Inventarliste aus dem Jahr 1544 gab es neben Betten einen großen Vorrat an Wäsche sowie Küchengeschirr aus Zinn, Holz oder Steingut. Tische, Bänke und Sessel mit ledernen Kissen waren ebenso vorhanden, jedoch keine Schränke. Ihre Aufgabe erfüllten mehrere Truhen. Vermutlich waren die übrigen Häuser der Fuggerei, den damaligen gotischen Wohnansprüchen gemäß, ähnlich eingerichtet.

Der Blick in die Grünanlagen bei den nach dem Zweiten Weltkrieg entstandenen Erweiterungsbauten der Fuggerei entlang des westlich gelegenen Sparrenlechs.

Das Haus Nr. 1 wurde bis in das 17. Jahrhundert hinein als Krankenstation genutzt. Danach wurde der Bau, vermutlich als Folge der schwedischen Besatzungszeit im Dreißigjährigen Krieg, in ein einfaches Fuggerei-Wohnhaus umgewandelt.

Der Neptunbrunnen

Der Neptunbrunnen hat streng genommen mit der Fuggerei nichts zu tun. Alle Busgruppen und diejenigen Besucher, die das Gelände der Fuggerei durch die beiden Tore am Jakobsplatz betreten, kommen aber an der einzigen erhaltenen Großplastik eines Augsburger Künstlers, zudem die älteste in Bronze gegossene Brunnenfigur Augsburgs, kaum vorbei. Der 1536 von Bildhauer Hans Daucher gestaltete Meeresgott stand ursprünglich beim Perlachturm neben dem Augsburger Rathaus. 1888 wurde er vor der Fuggerei aufgestellt.

Der Neptunbrunnen ist der älteste unter den Augsburger Renaissance-Brunnen. Seit 1888 steht er auf dem Jakobsplatz bei der Fuggerei.

Ein Hinweis für Besucher der Fuggerei: Bitte beachten Sie den Plan der Sozialsiedlung auf der ausklappbaren Umschlagseite. Er zeigt die Lage der vorstehend aufgeführten Sehenswürdigkeiten.

Literaturverzeichnis

Geremek, Bronislaw: Geschichte der Armut, München 1978.

Grünsteudel, Günther, Hägele, Günter und Frankenberger, Rudolf (Hrsg.): Augsburger Stadtlexikon, Augsburg 1998.

Herre, Franz: Die Fugger in ihrer Zeit, Augsburg 1985.

Kellenbenz, Hermann: Die Sozialgeschichtliche Bedeutung der Fuggerei, in: Schwäbische Blätter 22 (1971), S.105-117.

Kellenbenz, Hermann und Preysing, Maria Gräfin: Jakob Fuggers Stiftungsbrief von 1521, in: Zeitschrift des Historischen Vereins für Schwaben 68 (1974), S. 95-116.

Nübel, Otto: Mittelalterliche Beginen- und Sozialsiedlungen in den Niederlanden, Tübingen 1970.

Pölnitz, Götz von: Jakob Fugger, Tübingen 1949.

Pölnitz, Götz von: Die Fugger, Tübingen 1984.

Steiger, Hugo: Geschichte der Stadt Augsburg, München 1941.

Stein, Claudia: Die Behandlung der Franzosenkrankheit in der Frühen Neuzeit am Beispiel Augsburgs, Stuttgart 2003.

Tietz-Strödel, Marion: Die Fuggerei in Augsburg, Tübingen 1982.

Weidenbacher, Josef: Die Fuggerei in Augsburg, Augsburg 1926.

Zorn, Wolfgang: Augsburg, Geschichte einer deutschen Stadt, Augsburg 1972.

Impressum

Die Fuggerei - Die älteste Sozialsiedlung der Welt, 1. Auflage, Juli 2003

Autor: Ulrich Graf Fugger von Glött, MA

Vorlagen und Unterstützung: Fugger-Archiv Dillingen

Redaktionelle Bearbeitung: Martin Kluger

Gestaltung und grafische Produktion:
concret Werbeagentur GmbH, Augsburg
www.concret-wa.de

Titelfoto: Manfred Lehnerl

Fotos Umschlag: Fürstlich und Gräflich Fuggersche Stiftungsadministration/Kaya (1), Fürst Fugger Privatbank KG (1), Regio Augsburg Tourismus GmbH (6), concret Werbeagentur (1), Martin Kluger (19), Manfred Lehnerl (14)

Fotos Inhalt:
Fürstlich und Gräflich Fuggersche Stiftungsadministration/Kaya (12), Fugger-Archiv Dillingen (4), Fürst Fugger Privatbank KG (1), Regio Augsburg Tourismus GmbH (4), concret Werbeagentur (4), Sabine Darius (2), Martin Kluger (25), Petra Kluger (1), Manfred Lehnerl (29), Hansi Ruile (1)

Pläne: concret Werbeagentur GmbH

Druck: Hofmann Medien Druck und Verlag GmbH, Augsburg

Weitere Informationen unter www.fugger.de.

Bibliographische Information
der Deutschen Bibliothek

Die Deutsche Bibliothek verzeichnet diese Publikation in der Deutschen Nationalbibliografie, detaillierte bibliografische Daten sind im Internet über http://dnb.ddb.de abrufbar.

ISBN 3-89639-397-9
© Wißner-Verlag, Augsburg 2003
www.wissner.com